LA SÉCURITÉ GÉNÉRALE

COMPAGNIE D'ASSURANCES A PRIMES FIXES

LES

ACCIDENTS

ET

LEURS EFFETS ATTÉNUÉS

AU MOYEN DE L'ASSURANCE A PRIME FIXE

PAR

BESNIER DE LA PONTONERIE

PARIS

AUX BUREAUX DE LA SÉCURITÉ GÉNÉRALE

10, RUE DE MÉNARS, 10

1886

LES ACCIDENTS

LA SÉCURITÉ GÉNÉRALE

COMPAGNIE D'ASSURANCES A PRIMES FIXES

LES

ACCIDENTS

ET LEURS EFFETS ATTÉNUÉS

AU MOYEN DE L'ASSURANCE A PRIME FIXE

PAR

BESNIER DE LA PONTONERIE

PARIS

AUX BUREAUX DE LA SÉCURITÉ GÉNÉRALE

Rue de Ménars, nº 10

1866

INDEX

—

Le décret du 26 mars 1852, qui a organisé les
sociétés de secours mutuels, a été la meilleure
des promesses pour l'extinction du paupéris-
me.........

Que cette institution se développe ; que quelqu'autre se fonde pour ces soldats de la paix
tombés mutilés sur le champ de bataille de l'industrie, pour la veuve, pour l'orphelin, privés
du pain de chaque jour que le chef de famille
leur apportait, et l'ESPRIT MODERNE COMPTERA UNE
VICTOIRE DE PLUS.

*(Extrait du discours prononcé le
dimanche 19 février 1865 par
Son Exc. M. DURUY, ministre
de l'Instruction publique, à la
distribution des prix de l'Association polytechnique.)*

INTRODUCTION

Les accidents sont journaliers et d'une fréquence dont on ne se fait généralement pas idée, habitué que l'on est à ne recueillir les faits qu'isolément : la vigilance peut en réduire le nombre, mais non les supprimer. Il en existe toujours comme une *masse acquise* dont on peut dire qu'ils font partie de la destinée humaine. Leur atteinte est d'autant plus dommageable qu'elle est plus imprévue et plus soudaine.

Puisque, malheureusement, notre sécurité personnelle ne peut être entièrement sauvegardée, à travers les phases si variées et si militantes de la vie, comment, du moins, ne songeons-nous pas aux moyens de réparer le dommage matériel que *l'accident* peut nous causer ?

Quel désastre, par exemple, pour la famille de l'artisan dont le chef est obligé de porter seulement un bras en écharpe pendant quelques mois ! Il dépense beaucoup plus qu'en santé, et il a cessé de produire. Quelle charge pour un maître humain qui ne veut pas envoyer à l'hôpital le cocher, le domestique ou le garde blessés à son service ! Il les conserve tout en les remplaçant, payant ainsi doubles gages en même temps que les frais de maladie.

La prudence la plus vulgaire prescrit à la nombreuse armée des travailleurs, à quelque catégorie qu'ils appartiennent ou à ceux qui les emploient, de recourir à tous les moyens possibles pour réparer ce qui est réparable dans l'accident, c'est-à-dire le chômage coûteux qu'il entraîne en cas de maladie, et le vide ruineux qu'il cause en cas de mort.

De tous les moyens, le plus simple, le plus pratique comme le plus efficace, *c'est l'assurance;* l'assurance appliquée au mal partiel ou total causé par l'incendie, les naufrages, la grêle et autres sinistres ; l'assurance intervenant non-seulement pour réparer le chômage momentané résultant de la blessure *accidentelle*, mais encore pour fournir des ressources sous forme d'indemnités déterminées, aux enfants ou à la veuve que *l'accident* a privés du père ou du mari.

Cette prévision tutélaire n'est pas nouvelle : appliquée sur une grande échelle en Angleterre,

en Belgique et en Allemagne, elle a, en France,
depuis longtemps arrêté l'esprit des hommes
qui se préoccupent des problèmes sociaux. Tout
récemment, dans la séance du Corps législatif du
20 janvier 1864, l'un des députés du département de la Seine, l'éloquent M. Jules FAVRE,
appelait l'attention sur ce point important, et
S. Ex. le ministre d'État, M. ROUHER, répondant
à cet appel, disait que le gouvernement était
prêt à étudier et encourager toutes combinaisons sérieuses qui seraient tentées dans cette
voie.

Ce qu'on peut appeler l'édifice de la Prévoyance sociale s'est sensiblement élevé de terre
dans le cours de ces dernières années. Aux
Caisses d'épargne, qui en sont comme les assises,
et dont l'honneur revient à la dernière généra-
tion, sont venues s'ajouter les caisses de retraite
pour la vieillesse, les sociétés de secours mutuels, la société du Prince Impérial et d'autres
institutions complémentaires : si l'assurance était
sainement comprise parmi nous, elle serait le
couronnement de cet édifice.

Les ressources de la Caisse d'épargne sont
limitées, et, une fois absorbées, ne se reconsti-
tuent qu'à force de temps et de privations ; la
société du Prince Impérial ne fait que prêter au
travail, c'est-à-dire à la validité ; la Caisse des
retraites pour la vieillesse ne soutient au contraire que l'invalidité ; les sociétés de secours

mutuels, œuvre de touchante et féconde solidarité, sont forcément limitées dans leur action, qu'une épidémie peut paralyser et qui, dans tous les cas, s'arrête de droit devant la mort.

L'assurance contre les accidents pouvant atteindre les personnes, vient aider à ces différentes institutions et, dans certaines limites, suppléer à leur insuffisance forcée. Elle permet à l'invalide du travail de traverser son chômage sans toucher à l'épargne réservée pour ses vieux jours. Elle prend, le cas échéant, à son compte, la famille du mort sur laquelle ne peut s'étendre l'assistance de la Société de secours mutuels ; sainement organisée, elle peut fonctionner avec ces sociétés comme institution de réassurance pour leurs blessés et leurs décès par accident.

Loin de faire double emploi avec la belle institution des assurances ordinaires sur la vie, elle peut également fonctionner harmoniquement avec elles. Aux unes, le risque de mort dans sa généralité, mais de mort seulement ; à l'autre, le risque de blessures et de mort accidentelle. Là encore, il y a lieu au jeu de la réassurance. La nouvelle Société peut couvrir ses aînées de la partie de leurs risques résultant de décès autres que ceux provenant de causes naturelles.

Le propriétaire, l'industriel peuvent diviser leurs risques ; mais l'ouvrier, celui qui n'a d'autre capital que ses bras et sur lequel repose cependant tout l'avenir de sa famille, celui-là ne peut le faire. Il faut suppléer à cette impuissance; l'assurance seule peut lui fournir les moyens de réparer autant que possible le désastre matériel causé par son incapacité de travail ou sa mort. La prime qu'il payera chaque année à la Société, qui se chargera de percevoir et de répartir ce que l'on pourrait appeler le *budget du hasard*, cette prime ne sera autre chose que la part du sinistre, augmentée des frais de perception et de répartition. Ces frais, malheureusement inévitables, peuvent être considérés comme la portion de force vive dépensée improductivement par une machine. La tâche du mécanicien doit consister non pas à supprimer cette force perdue, ce qui équivaudrait à la chimère du mouvement perpétuel, mais à la réduire aux plus faibles proportions. En d'autres termes, il s'agit de vendre la sécurité, au meilleur marché possible, aux personnes qui en ont le plus indispensablement besoin.

Cette définition révèle suffisamment qu'il ne s'agit d'aucune combinaison reposant sur la mutualité. A Dieu ne plaise que nous puissions traiter légèrement ce grand principe de la mutualité appliqué aux assurances sur la vie, principe qui n'a pu être méconnu parmi nous que par une voix du passé égarée dans le présent. De plus en plus compris en France, il s'y développera et y prendra racine comme en Angleterre; mais la mutualité sur la vie, telle qu'elle est pratiquée par les grandes Compagnies , comporte une marge à peu près illimitée dans les dédommagements, ce qui implique naturellement une plus grande somme de sacrifices quant aux mises de la masse des assurés. La prime fixe, en permettant de limiter le dédommagement à des quotités déterminées et modestes, pourra réduire le chiffre de ses primes et livrer réellement *l'assurance à bon marché.*

Ainsi, en divisant les assurés en trois classes, suivant le danger des professions et la position sociale, et en consentant, suivant l'usage, des contrats aussi bien temporaires que viagers, on peut arriver aux résultats suivants, qui ne sont donnés ici qu'à titre purement indicatif (1).

En payant une prime annuelle de 5 fr. 65, un ouvrier peut assurer 2,500 fr. à sa veuve ou à ses enfants pour le cas où il viendrait à leur être enlevé par une mort accidentelle.

En élevant la prime annuelle à 9 fr. 65, il peut s'assurer une pension viagère de 150 fr. en cas d'incapacité permanente de travail provenant de la même cause, ou 1 fr. 25 par jour de chômage temporaire.

En portant la prime à 14 fr. 70, il peut cou-

(1) Les combinaisons sont pour ainsi dire infinies: celles qui vont suivre ici ne sont que des exemples destinés à faciliter l'intelligence de cet exposé sommaire; on trouvera les autres dans les tarifs placés à la fin de ce recueil.

vrir à la fois les trois éventualités, c'est-à-dire l'indemnité de 2,500 fr. à sa veuve ou à ses enfants, la pension viagère de 150 fr. et a prestation de 1 fr. 25 par jour de chômage temporaire.

Tel est un des premiers degrés de l'échelle. Voici le plus élevé :

En payant une prime annuelle de 45 fr., un chef d'atelier peut assurer 25,000 fr. à sa veuve ou à ses enfants en cas de mort accidentelle.

En élevant la prime à 76 fr., il peut s'assurer une pension viagère de 1,500 fr. pour incapacité permanente, et 12 fr. 50 par jour en cas d'incapacité temporaire.

En portant la prime jusqu'à 117 fr., il peut couvrir à la fois les trois éventualités (l'indemnité de 25,000 fr., la pension viagère de 1,500 fr. et la prestation de 12 fr. 50).

Encore faut-il remarquer qu'il ne s'agit dans ces exemples que de l'assurance individuelle, car celle réduite aux heures de travail et celle faite collectivement, c'est-à-dire par groupe de tout un atelier, peuvent s'effectuer à des conditions de prix sensiblement inférieures.

Les relevés statistiques donnent les chiffres de décès par accidents de toute nature : brûlures par suite d'incendie, blessures par armes à feu ou autres, chutes ou éboulements, asphyxies par immersion ou autres, écrasements par voitures, accidents de sport, de chasse ou de voyage, accidents de travail, blessures, écrasements par machines, explosion de mines ou de chaudières, chutes d'échafaudages, etc. Tous les décès provenant de ces formes multiples de l'accident, sont consignés, disons-nous, dans la statistique de l'Empire, et dans celle que le préfet de la Seine publie tous les dix ans pour son département : on trouve dans ces statistiques un chiffre annuel de 13,000 morts accidentelles.

Or, sur une personne tuée, on en compte généralement 175 blessées plus ou moins dangereusement, soit, pour toute la France, une moyenne annuelle de 2,275,000 accidents pouvant entraîner une incapacité temporaire évaluée à une moyenne d'environ 20 jours.

Il serait sans doute téméraire de pousser trop loin les déductions statistiques, et de rechercher quelle masse de salaires perdus peut se trouver au fond de ces données ; mais ce qu'il y a de certain c'est que le champ des évaluations s'ouvre bien large lorsque l'on songe à toutes les misères accidentelles que les sociétés charitables ont à soutenir.

Réparer cette perte de salaires autant qu'elle peut l'être, *couvrir ce risque* au moyen d'une prime fixe, comme on couvre tous les autres risques matériels, tel doit être et tel peut être, si elle est sainement et honnêtement organisée, le rôle de l'assurance appliquée à certaines catégories de risques limités par leur nature, de l'assurance localisée aux sinistres pouvant atteindre les personnes par suite d'accidents.

La vulgarisation sera peut-être lente : il est possible, par exemple, que, dans le principe, les ouvriers ne sentent pas tout l'intérêt qu'ils auraient à s'assurer par eux-mêmes. Mais les entrepreneurs et chefs d'établissements seront conduits à le faire pour eux, d'abord par humanité, puis parce qu'ils y sont intéressés en vue de s'exonérer des recours que la blessure ou la mort de l'ouvrier peuvent faire naître contre eux.

Plus tard, les faits de réparation accomplis aidant peu à peu à l'éducation des masses, on verra l'assurance individuelle contre les accidents se réaliser absolument comme les versements individuels à la Caisse d'épargne ; l'artisan travaillant en chambre comme le commissionnaire stationnant au coin de la rue, sauront lire dans une *police* comme ils savent lire dans un *livret*. C'est cette éducation par les faits, en d'autres termes par les services rendus, que se propose d'entreprendre la nouvelle société qui vient de se constituer sous le nom de la SÉCURITÉ GÉNÉRALE.

Sa haute utilité, justement appréciée par le gouvernement de l'Empereur, lui a valu l'avantage de l'anonymat : son capital, fixé à **2,500,000** francs, a été réalisé sous le patronage de la SOCIÉTÉ DE CRÉDIT INDUSTRIEL ET COMMERCIAL. Elle est administrée par un conseil composé de douze membres qui, par la variété de leurs aptitudes, représentent la pratique administrative, l'industrie et la spécialité de l'assurance ; un directeur appartenant à cette spécialité est chargé de l'exécution des décisions du Conseil et des opérations courantes de la Société. Un Conseil médical et chirurgical, composé de notabilités de la science, et un Conseil judiciaire composé de notabilités du barreau, prêtent à l'administration le concours de leurs lumières.

LES ACCIDENTS

LEURS CAUSES ET LEURS EFFETS

PREMIÈRE PARTIE

—

ACCIDENTS GÉNÉRAUX

—

ACCIDENTS CAUSÉS PAR DES CHEVAUX EN LIBERTÉ MONTÉS OU ATTELÉS.

Si le cheval est une des plus nobles conquêtes de l'homme, il faut avouer qu'il se venge souvent des pénibles épreuves que notre domination lui impose. La ville, les champs, l'écurie et la voie publique sont le théâtre de nombreux accidents. On les attribue par amour-propre à la jeunesse de l'animal, à sa mauvaise éducation, à son caractère ombrageux, à ses mauvais instincts; ne pourrait-on pas, avec plus de raison, les attribuer ordinairement à la maladresse, à l'imprévoyance ou à la présomption de ceux qui les conduisent?

Comme toutes les forces supérieures, celle du cheval ne peut être dominée que par la prudence et la raison. L'ignorance des principes ou le mépris des précautions vulgaires entraînent à des fautes qui sont cruellement expiées. Les hommes les plus habiles eux-mêmes n'évitent pas toujours les dangers auxquels les expose le maniement fréquent du cheval, et, dans la liste nécessairement incomplète des accidents que nous aurons à raconter, nous verrons des écuyers, cavaliers, sportsmen très distingués, tomber victimes de leur exercice de prédilection.

Nous examinerons successivement les accidents provenant des chevaux livrés à eux-mêmes, soignés à l'écurie ou conduits à la main, ceux qui sont occasionnés par les chevaux montés, et ceux enfin que causent les attelages divers circulant au milieu de nous.

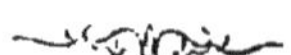

PREMIÈRE CATÉGORIE

CHEVAUX LIVRÉS A EUX-MÊMES, SOIGNÉS A L'ÉCURIE OU CONDUITS A LA MAIN.

Le spectacle intéressant que présentent les vastes prairies dans lesquelles se recrute notre belle population chevaline est quelquefois attristé par la vue de graves accidents qui atteignent les gardiens des jeunes produits. Que de coups de pied, de morsures, de contusions ne reçoivent-ils pas lorsqu'ils les surveillent ou les rassemblent? Il faut une grande adresse à ces gardiens pour éviter des atteintes parfois innocentes, mais bien souvent aussi très-dangereuses.

Plus tard, lorsque le poulain propre au service commence à habiter la ferme, ou lorsque, cheval fait, il passe dans les écuries, c'est au tour des palefreniers à recevoir ce que, dans leur langage pittoresque, ils appellent des *gratifications*. Les ruades, les coups de devant, les brusques mouvements de tête, les morsures, les pressions contre les murs leur sont prodigués, et si, par la grande habitude qu'ils ont des chevaux, ils parviennent ordinairement à éviter les atteintes mortelles, ils n'évitent pas du moins les blessures qui entraînent une incapacité de travail plus ou moins longue, et, en tous cas, une suspension de salaire.

Nous devons ranger les vétérinaires parmi les hommes que les soins à donner aux chevaux mettent le plus en péril; les opérations qu'ils pratiquent sur des êtres irrités par la douleur et qui ne peuvent en apprécier les motifs, les exposent à des dangers que les précautions les plus minutieuses ne parviennent pas toujours à conjurer.

Les maréchaux ferrants partagent à leur tour la somme des blessures auxquelles les exposent l'impatience ou la méchanceté de l'animal qui est entre leurs mains. Ils ne peuvent pas toujours se soustraire aux écrasements de pieds, aux ruades et surtout aux cruelles déchirures aux mains que leur fait éprouver le cheval lorsqu'il retire vivement la jambe avant que les clous ne soient brochés.

N'oublions pas les foires provinciales, ces fêtes hippiques où tout propriétaire devient pour ainsi dire maquignon. Une immense réunion d'hommes et de chevaux sur un champ toujours restreint, des écuries pour l'ordinaire insuffisantes, les clameurs de la foule, sont une source féconde d'accidents, de chutes et de blessures, dont la responsabilité échappe forcément à leurs auteurs, à raison même de la difficulté d'en apprécier les causes.

Nous rangerons aussi dans cette catégorie les chevaux échappés de la prairie, de l'écurie ou des mains de ceux qui les conduisent, et qui renversent ou blessent les passants inoffensifs. Qu'il nous soit permis ici de rendre hommage à l'initiative de quelques zélés citoyens, et surtout des sergents de ville, dont on signale tous les jours des actes de dévouement et dont l'abnégation conjure à toute heure les plus grands dangers.

— A Paris, boulevard de la Chopinette, deux chevaux d'omnibus qu'on venait de dételer, profitant d'un moment de liberté, s'échappèrent au galop et renversèrent un ouvrier qui portait un enfant sur ses épaules; tous les deux furent grièvement blessés.

— Aux alentours de la grande poste, un cheval, échappé aux écuries de l'administration, renversa M. L***, qui, par suite de cet accident, a souffert longtemps d'une congestion cérébrale avec paralysie.

— Enfin, à Avranches, M. L***, passant sur la place du marché, eut les côtes brisées par la ruade d'un cheval échappé.

Il y a des accidents qui inspirent peut-être moins de pitié, parce qu'ils sont provoqués par un sentiment de brutalité coupable, mais qui n'en ont pas moins des conséquences terribles.

— A Paris, un garçon d'écurie, employé rue Villiot, avait maltraité son cheval sans raison ; celui-ci, le voyant seul dans son écurie, qu'il balayait, le renversa, s'agenouilla sur lui et le mordit cruellement.

— A Versailles, un gamin tourmentait un cheval à travers la grille de la cour des diligences, l'animal lui saisit la main et lui arracha le pouce.

— A Saint-Denis, le sieur Leleu, charretier de Villiers-le-Bel, ayant appliqué un violent coup de fouet à son cheval de devant, ce dernier riposta par une ruade dans le bas-ventre, et la mort fut instantanée.

Les chevaux conduits en main présentent aussi des dangers; ils sont presque toujours en état de gaieté et frappent les passants qui se trouvent à leurs côtés.

— Avenue des Champs-Elysées, le cocher de M. X... conduisait deux chevaux à la promenade. Un garçon de quatorze ans passa en courant près du cheval de main qu'il effraya, et fut frappé mortellement à la tempe.

DEUXIÈME CATÉGORIE

—

CHEVAUX MONTÉS.

Ce chapitre exigerait un développement auquel se refuse le petit cadre dont nous avons à disposer. Nous nous contenterons d'esquisser à grands traits les principaux accidents qui résultent de l'usage du cheval de selle.

Accidents causés par des chevaux montés.

Applaudissons en passant au zèle des hommes distingués qui se sont efforcés en France de répandre l'élève et l'étude du cheval. Le noble exercice de l'équitation, qui était autrefois le privilége exclusif du petit nombre, fait aujourd'hui partie de toute éducation un peu libérale ; mais qu'il y a loin des paisibles exercices du manége aux capricieuses évolutions du sport ! quelle différence entre l'animal qui obéit à la voix du professeur et le cheval fougueux qui permet à de hardis cavaliers d'étaler à nos yeux leur courage et leur adresse ! On peut dire que, pour la plupart d'entre eux, chaque degré de leur éducation hippique a été marqué par quelque accident. Ils n'ont certainement pas tous échappé aux dangers du manége, du dehors, du dressage et de la chasse à courre. Et si, plus audacieux, ils se sont présentés sur le turf, il est impossible que les courses plates, les courses de haies et les steeple-chases, ne leur aient pas fait payer au moins une fois leurs triomphes.

—M. le marquis de M. M***, cavalier consommé et gentilhomme accompli, après vingt-cinq ans de succès à la chasse et sur le turf, se fractura une des vertèbres cervicales en franchissant une haie sur l'hippodrome d'Autun, et rendit le dernier soupir au milieu des regrets universels.

— M. Durand de Saint-Amand, préfet de Vaucluse, emporté par son cheval, fit une chute des plus graves et mourut le lendemain.

—A Anvers, un jeune garçon faisant briller un miroir au soleil, dirigea la réfraction de la lumière sur les yeux d'un cheval monté qui passait sur l'esplanade, l'animal effrayé se cabra et traîna son cavalier, dont le pied était malheureusement engagé dans l'étrier. On ne releva qu'un cadavre horriblement mutilé.

Nous terminerons par un exemple de la plus déplorable fatalité. M. C***, artiste dramatique, passait sur le pont d'Asnières; son cheval, effrayé par le sifflet d'une locomotive, s'emporta et entraîna son cavalier dans la grande rue. Un enfant de huit ans sortait en ce moment de la maison de son père; surpris par le cheval, il ne put l'éviter et reçut sur le crâne un coup de pied auquel il ne survécut que peu d'heures. M. C*** en fut quitte pour quelques contusions.

Nous n'avons raconté que les accidents arrivés à des hommes habiles dans l'art de l'équitation. Il nous serait facile de les multiplier si nous voulions rapporter ceux qui ont eu pour victimes des personnes qui, par nécessité ou par exception, ont dû recourir à l'usage du cheval. Le récit en serait inutile, car il n'ajouterait rien à l'évidence des services que l'assurance peut rendre dans ces tristes circonstances.

Il va sans dire que les accidents causés dans les campagnes par les chutes d'âne ou de mulet se trouvent dans les mêmes conditions d'assurance que ceux qui proviennent du fait des chevaux.

Si les cavaliers civils sont exposés à de fréquents dangers, *les cavaliers militaires* le sont encore davantage, car ils ont à craindre plus particulièrement le dressage des jeunes chevaux, les chutes dans les rangs, les rencontres, les coups de pieds fréquents dans les manœuvres, les suites des chevaux abattus sur un mauvais pavé ou se refusant au service d'ordonnance; enfin, l'emportement de ceux qui ne sont pas encore habitués au cliquetis des armes et au bruit des fanfares.

—M. B..., chef de bataillon au premier régiment des grenadiers de la garde impériale, assistant aux manœuvres du Champ de Mars, fit une chute dans un mouvement rapide et se démit l'é-paule.

— Le cheval d'un capitaine de train des équipages de la garde se cabra en passant sur le boulevard Haussmann, il fit une chute entraînant son cavalier, qui eut le bras fracturé.

Nous terminerons cette revue par le récit d'accidents survenus à des personnes qui font profession de l'exercice du cheval, les écuyers du cirque, les jockeys, les postillons, courriers, piqueurs, valets de chiens, cochers, grooms, palefreniers, relayeurs, etc., etc.

— A l'Hippodrome, mademoiselle L... figurait dans un quadrille à cheval et faisait la chaîne des dames; son cheval s'est dérobé et l'a heurtée violemment; une des jambes de cette demoiselle a été brisée.

— A Château-Thierry, le jeune Bioschi, prenant une leçon à la prolonge, fut précipité sur un pieu en fer. Sa mort fut instantanée.

— A la Marche, en passant la haie du potager, un jockey se fractura la jambe droite.

— Enfin, le nommé M..., domestique dans une grande maison du faubourg Saint-Germain, voulant faire piaffer un cheval très-impressionnable, fut lancé par lui si fatalement, qu'il se fractura le crâne. Lorsqu'on vint à son secours, il avait cessé de vivre.

TROISIÈME CATÉGORIE

ATTELAGES A UN VÉHICULE QUELCONQUE.

Nous suivrons, dans cette catégorie, la même classification que celle indiquée par les statistiques.

Attelages allant au pas, tels que charrettes agricoles, celles destinées au roulage, camionnage, fardiers et chevaux de halage. — Ces véhicules, à raison de la lenteur de leur marche, sembleraient devoir causer moins d'accidents que ceux allant à une allure plus vive. Il n'en est cependant pas ainsi ; leur masse, la longueur et le poids des matériaux qu'ils transportent, la quantité des chevaux qui les traînent, encombrent bien souvent la voie publique, et mettent les jours du piéton distrait ou affairé en grand péril. Trop souvent aussi, les conducteurs négligents ne prennent pas les précautions que leur impose la prudence la plus vulgaire. Prenons quelques exemples au hasard.

En tournant brusquement l'angle formé par les rues de Strasbourg et de Metz, une voiture chargée d'asphalte renversa un ouvrier mécanicien ; les roues lui passèrent sur le corps.

— A Saint-Denis, le sieur F... conduisait, rue de Paris, une voiture chargée de huit fûts ; une vieille femme fit un faux pas et vint tomber devant l'une des roues, qui lui brisa la colonne vertébrale.

— Le sieur L... suivait, à Colmar, la rue de la Gare, obstruée par un embarras de voitures ; comme il était pressé il se glissa entre deux charrettes et fut tellement serré qu'il eut le sternum brisé et tomba mort.

— Une collision eut lieu rue d'Aubervilliers, à La Villette, entre un chariot chargé de pierres et une voiture de déménagements, sur laquelle étaient, outre les meubles, cinq personnes, qui furent toutes blessées, la voiture ayant versé.

— Près de Pontoise, un charretier de halage était monté sur un de ses chevaux ; la corde qui les amarrait au bateau ayant cassé, chevaux et conducteur furent précipités dans la rivière et y trouvèrent la mort.

Nous pourrions multiplier ces exemples, dus à la fatalité ou à l'imprudence ; mais en vérité chacun de nos lecteurs n'a-t-il pas été le témoin attristé de quelque malheur semblable, et ne sent-il pas que, dans ces douloureuses circonstances, l'assurance contre les accidents peut rendre des services inappréciables ?

Attelages allant au trot. — De toutes les voitures qui circulent dans Paris, il n'y en a pas peut-être de plus dangereuses que celles dites *tapissières*. Traînées par des chevaux vigoureux, conduites par des jeunes gens inhabiles ou imprudents, ne se prêtant pas d'ailleurs par leur nature aux mouvements faciles des voitures ordinaires, elles fondent sur les passants ou sur d'autres véhicules avec une rapidité qui ne saurait trouver d'excuse.

— Le sieur Noël conduisait un tombereau à deux chevaux sur la route de Clichy; atteint par le brancard d'une tapissière qui venait derrière lui, il fut renversé et blessé mortellement.

— Aux Batignolles, une voiture de boucher allant à grande vitesse, renversa un homme et une femme; ils furent écrasés tous les deux. La malheureuse femme était enceinte.

— Sur la place de la Bastille, une tapissière allant au grand trot renversa un jeune garçon tenant dans ses bras un petit enfant de dix-huit mois; le jeune homme fut tué et l'enfant blessé grièvement.

Les *voitures publiques* ou *diligences*, effectuant généralement leur parcours sur les grandes routes, sont moins sujettes à causer des accidents aux passants; mais elles compromettent souvent la santé ou la vie des voyageurs; la rapidité de la course, la rupture d'un essieu ou du système d'enrayement, la somnolence du postillon, amènent des versements toujours très regrettables.

— Près de Nice, le courrier de Coni descendait à grande vitesse le col de Brauss, lorsque les chevaux, entraînés par le mouvement de la voiture, furent précipités dans un ravin de quinze pieds de profondeur; les douze voyageurs que contenait la diligence furent plus ou moins grièvement blessés; un jeune enfant fut tué.

— La diligence d'Uzès à Pont-Saint-Esprit versa à la descente de Connaud, en tournant trop rapidement une courbe; huit voyageurs, y compris le conducteur et le postillon, furent blessés.

Les *omnibus*, comme on le sait, desservent dans Paris et dans les autres villes les différentes stations intérieures, la banlieue, les chemins de fer et leurs correspondances. Leur service commence le matin et se prolonge à des heures avancées dans la nuit; leur marche est à la fois rapide et saccadée, leur parcours souvent difficile, et, quelle que soit la vigilance des surveillants, ainsi que l'adresse des cochers, il est impossible que l'administration n'ait pas souvent de graves malheurs à déplorer.

— Le sieur A***, cultivateur à Quincy, voulant éviter une voiture de place, se jeta sur le passage d'un omnibus allant de la Madeleine à la Bastille. Le cocher ne put arrêter assez promptement ses chevaux. et le sieur A***, renversé, fut écrasé par les roues de la voiture.

— Un omnibus de la ligne Æ passant rue Saint-Martin, renversa un enfant de dix ans qui eut la jambe fracassée.

— Rue du Bac, un autre enfant, tombé du trottoir, fut écrasé par un omnibus qui ne put être arrêté à temps.

— Enfin, un omnibus de la ligne K versa rue Saint-Denis, près de la rue Aubry-le-Boucher, par suite de la rupture d'un essieu; les voyageurs furent blessés, et deux surtout très-grièvement.

L'usage des places d'impériale a causé aussi de nombreux accidents; plusieurs conducteurs, en faisant la recette, ont été atteints par des bannes ou des boulins.

Les exemples des voyageurs malheureux ou maladroits qui se blessent en montant ou en descendant, sans laisser suffisamment arrêter la voiture, sont tellement fréquents qu'il serait surabondant de les noter. Qu'il nous suffise seulement de rappeler la mort douloureuse et récente de l'illustre statuaire Simart.

Assurément les voyageurs n'ont pas à se plaindre de la fougue des chevaux employés au service des *voitures de place*. Aussi les accidents qui arrivent par le fait de ces modestes, mais infatigables véhicules, sont très-rares; ceux qu'on a à déplorer doivent être attribués, en grande partie du moins, à l'encombrement de la voie publique.

— Le sieur S***, fruitier rue Saint-Denis, descendant le trottoir devant sa porte, fut atteint et renversé par une voiture de la Compagnie impériale; une des roues le blessa mortellement à la poitrine.

— Un pensionnaire à l'hospice Brezin, passant rue Montmartre, fut pris d'un étourdissement au moment où une voiture de place passait à côté de lui; il fut renversé et blessé grièvement.

Les *voitures bourgeoises* ou *de maîtres* appartenant à des gens riches, conduites par des co-

Accidents causés par des chevaux en liberté, montés ou attelés.

chers choisis, traînées par des chevaux généralement bien dressés, ne sortant d'ailleurs que
pendant quelques heures de la journée et dans
les quartiers les moins embarrassés, ne devraient
causer que peu d'accidents ; malheureusement,
il n'en est pas ainsi ; mais il faut ajouter que,
dans la majeure partie des cas, les victimes les
plus habituelles sont les propriétaires eux-
mêmes.

— A Toulouse, S. E. le maréchal Niel conduisait lui-même son phaéton ; un des chevaux
s'étant abattu, le maréchal fut jeté à terre, et,
dans sa chute, il eut une côte fracturée.

— A Montpellier, deux propriétaires revenaient
de la campagne dans un phaéton. Le brancard
s'étant cassé, le cheval s'emporta et les efforts
du conducteur furent impuissants à le maîtriser.
Il blessa dans sa course plusieurs personnes et
précipita sur le trottoir le sieur Etienne Combes,
qui était dans la voiture. Cette chute détermina
une congestion cérébrale à laquelle il succomba
le lendemain.

Nous n'avons pas parlé des *voitures de remise*,
parce qu'il nous a semblé qu'on pouvait les assi-
miler aux voitures bourgeoises. Ce que nous
avons dit des premières peut s'appliquer, dans
une certaine proportion, aux secondes.

Nous ne rapporterons qu'un ou deux accidents
occasionnés par ces sortes de voitures.

— Un caporal de voltigeurs du 70ᵉ de ligne,
voulant traverser la rue du Bac, fut violemment
heurté par le cheval d'une voiture de remise qui

arrivait à grande vitesse. Il fut renversé et cruellement blessé.

—Un vieillard de 75 ans traversant le boulevard
Saint-Martin fut jeté sur le sol par une voiture de
remise, qui lui fractura la jambe.

L'emploi des *voitures à bras* constitue un danger que nous ne pouvons passer sous silence.
Traînées par des hommes ordinairement exté-
nués de fatigues, menacés de tous côtés par les
autres voitures, elles entraînent trop souvent
leurs conducteurs dans des directions qui leur
sont fatales.

— Un commissionnaire qui traînait une charrette à bras sur le boulevard Sébastopol commit
l'imprudence de s'attacher à une voiture qui
roulait devant lui. Le cheval s'étant arrêté brusquement, le derrière de la voiture donna en
plein contre la poitrine du commissionnaire, qui
tomba sans mouvement.

— Une pesante voiture entrait dans une maison
de la rue des Vieilles-Haudriettes, quand dans
son mouvement de circonvolution elle rencontra
un pauvre vieillard de 67 ans conduisant une
voiture à bras. En moins d'un instant, le malheureux eut les doigts du pied gauche littéralement broyés.

Les relevés statistiques accusent, pendant la
période décennale de 1851 à 1860, 9,064 morts
accidentelles dues à des voitures, charrettes,
chariots et chevaux.

Le nombre des voitures circulant dans Paris
seulement est évalué à près de 56,000 ; celui
des chevaux s'élève à plus de 94,000, et la quan-

tité des cochers et charretiers n'est pas moindre de 58,000.

En 1861, la Compagnie des Omnibus avait en circulation 502 voitures pour transporter 76,285,538 voyageurs.

En 1862, leur nombre a atteint le chiffre de 526 voitures et de 81,939,603 voyageurs.

Aujourd'hui, leur nombre s'est élevé à 664 voitures transportant 93,270,719 voyageurs.

L'augmentation des accidents causés par les voitures est effrayante : d'un travail fait à la préfecture de police sur les procès-verbaux d'accidents de l'ancien Paris et des communes annexées, de 1852 à 1861, il résulte que le nombre des accidents de voiture sur toute la surface de Paris actuel, qui était en 1852 de 666, s'est élevé, en 1861, à 909, et que le nombre de personnes tuées par ces mêmes accidents s'est accru dans des proportions plus grandes encore, puisque de 37 qu'il était en 1853, il s'est élevé en 1861 à 99.

Nous ne terminerons pas ce chapitre sans rappeler à nos lecteurs un fait d'une date ancienne, mais qui sera un adoucissement à la triste nomenclature que nous venons de dérouler sous leurs yeux.

—En 1822, un jeune homme, un enfant presque, il était âgé de moins de quinze ans, faisait sa promenade à cheval sur le plateau qui domine le lac de Constance. Tout à coup, il entend des cris d'effroi mêlés au roulement précipité d'une voiture que des chevaux emportent. Il écoute un instant, puis il lance son cheval dans la direction d'une calèche qu'il a aperçue roulant sur les bords d'un abîme. Les haies, les sillons, les ravins, rien ne l'arrête ; il fond comme la foudre sur les chevaux emportés, saisit le mors de l'un d'eux, et, par son adresse et sa vigueur, fait abattre l'animal, surpris et épouvanté. L'héroïque jeune homme mit alors pied à terre et fit sortir de la voiture brisée une mère et deux enfants à demi morts de frayeur, et, pendant qu'on accourt à leur aide, s'assure qu'ils n'ont aucun mal et disparaît. Celui qui venait d'arracher à la mort cette intéressante famille s'appelait le prince LOUIS-NAPOLÉON BONAPARTE, préludant ainsi par des actions admirables à ses hautes et grandes destinées.

ACCIDENTS DE MER.

Il y a dans tout ce qui tient à la mer, depuis la sérénité de son calme jusqu'à la fureur de ses tempêtes, une poésie sublime et une puissance attractive qui s'emparent de l'homme du monde comme du simple pêcheur.

On comprend que le désir d'acquérir des richesses fasse braver les dangers de la navigation ; mais comment expliquer, autrement que par la passion, cet amour enthousiaste du marin, alors même qu'il est arrivé à l'âge de repos et à la jouissance de la fortune acquise, pour un élément dont il devient trop souvent la victime?

La série des événements qui menacent l'homme de mer est incommensurable. Dès que l'homme a mis le pied sur un navire il ne s'appartient plus, il est à la merci des vents, de la foudre, des abordages, des rescifs, des voies d'eau, de la mauvaise construction ou de la vétusté du bâtiment, comme aussi du plus ou moins d'habileté de celui qui le dirige.

Un navire sombrant en pleine mer est un cas heureusement fort rare. Cependant le nombre des navires perdus corps et biens, ou incendiés en mer, est considérable.

Mais lorsqu'au retour d'un long voyage on a eu le bonheur d'échapper à ces dangers, lorsque la terre est signalée ou lorsque, le cœur plein de joie, on espère le rivage sans l'apercevoir encore; si le vent s'élève, souffle du large, si le navire est affalé à la côte, la position devient dangereuse; sous l'influence de la tempête, la mer augmente, la barre devient impuissante, les voiles se déchirent, il faut couper les mâts ou essayer de jeter l'ancre; sous les coups de la vague mugissante, les chaînes se brisent, le navire devenu le jouet des éléments se heurte contre les rochers, il s'entr'ouvre, la voie d'eau se déclare et le navire ne pouvant plus s'élever au-dessus de la lame, les coups de mer enlèvent tout ce qui se trouve sur le pont. Partout la mort ou d'affreuses et terribles blessures; officiers, passagers, matelots, tous subissent le même sort.

Les exemples de ces trop célèbres naufrages

sont tellement présents à la mémoire, qu'il nous paraît inutile d'en représenter le triste tableau.

L'esprit de conservation des richesses, guidé par une sage expérience, a su prémunir contre des pertes matérielles; la somme des services rendus par les assurances maritimes parle assez haut pour qu'on puisse se dispenser de les énumérer. Pourquoi donc l'homme aurait-il moins de souci de ses souffrances, de son avenir et de la position de ceux qu'il aura laissés après lui, que le négociant n'en a pour la coque de son navire et pour les marchandises qu'elle contient ? Cette absence de précaution constitue non-seulement une anomalie, mais une indifférence coupable pour tout ce que nous devons avoir de plus cher.

Les accidents de mer sont aussi nombreux que difficiles à prévenir. L'emploi de la vapeur offre une grande amélioration pour la marche, mais il présente aussi de grands dangers, qui déroutent souvent les mesures de prudence les plus sages et les plus éclairées.

— Un épouvantable accident a eu lieu à bord du bateau à vapeur le *Linster-Lass*, de Drogheda. Pendant la traversée de Drogheda à Liverpool (Angleterre), la tige du piston se détacha, et, en tombant, fit un grand trou au fond du navire ; l'eau pénétra aussitôt. Une panique affreuse s'empara immédiatement des passagers, qui se précipitèrent dans les canots; ces canots trop chargés chavirèrent, et 50 personnes ont péri. Quant aux personnes qui étaient restées à bord, elles purent être sauvées, car on signala le steamer la *Torche*, qui fait le service entre Liverpool et Dublin. Ce bateau à vapeur recueillit tous ceux qui n'avaient pas cédé à la terreur.

Les cas d'immersion de canots trop chargés ou ne pouvant résister à une bourrasque se présentent très-souvent.

— Dans la bourrasque du 23 août 1864, deux chaloupes de pêche se sont perdues à une lieue au large de la pointe de l'île de Groix. L'équipage de la première a été sauvé par deux chaloupes de Groix.

L'équipage de la seconde, composé du patron Pujol, de Groix, de son père, de son fils, de son oncle et de deux matelots, se tenait cramponné sur la quille retournée en l'air. Une chaloupe de Groix vient au secours des naufragés, mais la mer est tellement agitée, qu'elle reconnaît l'impossibilité de les approcher. Elle mouille à environ quinze mètres et leur fait signe qu'elle les attend. Les six marins en détresse s'abandonnent à la mer pour nager vers elle. Trois d'entre eux coulent immédiatement à fond : deux autres, le patron Pujol et un matelot, atteignent le bateau sauveteur.

Le sport, qui embrasse aussi les exercices nautiques, paye son tribut à la mer. En Angleterre, en France, les propriétaires de yachts de plaisance sont quelquefois victimes de leur imprudence ou de leur inexpérience.

—Quelques jeunes gens de Marseille, voulant essayer à la mer une nouvelle acquisition, partirent par un temps assez beau ; mais un coup de vent fit chavirer leur embarcation dans la passe des îles de Ratoneau et de Pomègue; ils furent heureusement recueillis par le garde-côte qui, par le plus grand des hasards, se trouvait à la portée du sinistre.

En dehors des naufrages par les gros temps, le roulis et les manœuvres occasionnent des chutes et des blessures de toute nature dont il faut tenir compte.

———

BAINS DE MER.

L'attrait du plaisir, ou les prescriptions hygiéniques attirent chaque été sur les bords de la mer une nombreuse population, qui vient y chercher le repos, la fraîcheur ou la santé. Ces citadins sont, pour la plupart, peu familiarisés avec les dangers de la mer; l'inobservation des règlements, la moindre infraction aux lois de la prudence les rendent parfois victimes de leur présomption.

— Deux hommes, l'un âgé de soixante-cinq ans et l'autre de vingt-deux, se sont noyés dans les parages du Prado, à Marseille. Voici comment se serait passé ce malheureux événement :

Le jeune homme se trouvait en pleine mer lorsqu'il sentit les forces lui manquer; aussitôt il appela au secours, et à son cri d'alarme accourut un nageur qui, malgré son âge, n'hésita pas à se rendre à l'appel qui lui était fait au nom de l'humanité. Mais, arrivé près du jeune homme en péril, ce dernier, à la vue de son sauveur, se cramponna à sa tête, et, le tenant par les cheveux, paralysa les forces de celui qui venait à son secours et l'entraîna à la mort avec lui.

Les meilleurs et les plus prudents de tous les nageurs peuvent être tués ou blessés par des causes fortuites, telles que roches sous-marines, varechs, objets flottants ou engins oubliés.

ACCIDENTS EN RIVIÈRE ET SUR LES LACS, ÉTANGS ET CANAUX.

Les accidents sur les lacs et les rivières sont proportionnellement plus nombreux, en raison de la plus grande quantité de personnes qui, par état ou par plaisir, se livrent à la pêche, aux voyages, au canotage, aux exercices de la natation, aux bains plus modestes sur la rive, ou bien encore les ouvriers que leurs travaux appellent près des rivières.

Tout le monde a présent à la mémoire le récent et terrible accident de la *Mouche n° 4*, à Lyon, sur la Saône. Nous ne retracerons pas les navrants épisodes de ce naufrage. Vingt-sept personnes noyées et un nombre encore plus grand de blessés furent, sous les yeux d'une population effrayée, les victimes de ce fatal événement.

— A Cellettes, canton de Mansle, sept ouvriers employés aux fours à chaux d'Echoisy sont tombés dans la Charente en la traversant sur un bateau. Quatre d'entre eux se sont noyés.

— A Namur, une épouvantable catastrophe est arrivée sur la Meuse. Le bateau dragueur était occupé depuis le matin à nettoyer en cet endroit le lit de la rivière ; cette partie terminée, on voulut aller un peu plus haut. L'ordre fut donc donné aux ouvriers d'aller fixer au bord de la rivière la grosse chaîne destinée à retenir le bateau dragueur. Neuf ouvriers descendirent dans la nacelle pour exécuter cet ordre. Il paraît que la chaîne, qui est fort lourde, tomba sur la nacelle et lui imprima un mouvement qui la fit chavirer. Les neuf ouvriers furent précipités dans le fleuve ; on les vit nager pendant quelques minutes. Quatre d'entre eux purent être sauvés ; mais les cinq autres ouvriers, entraînés par le courant, ne purent lutter longtemps contre la violence des eaux.

— M. B..., apprêteur de peaux, d'Argenteuil, possède un canot marchant à la voile. M. B... résolut de faire une promenade sur la Seine. Ses enfants le pressèrent vivement pour être admis dans l'embarcation ; comme il vit que le temps était calme et assez beau, il se laissa fléchir, bien qu'il ne les eût jamais laissés monter dans le canot, et les prit avec lui, ainsi que leur mère.

Pendant une heure, ils naviguèrent sans aucun incident ; mais vers quatre heures et demie de l'après-midi, entre le pont du chemin de fer et le pont d'Argenteuil, un coup de vent subit

fit chavirer l'embarcation. Tous les quatre furent précipités dans le fleuve.

Aux cris poussés par les témoins de cette catastrophe, les mariniers qui se trouvaient dans
le voisinage s'empressèrent de porter secours.
On parvint à retirer vivants M. B... et sa
femme. Quant aux enfants, on ne put ramener
que leurs corps inanimés.

—A Asnières, un cutter, monté par huit personnes, a capoté entre les ponts de Courbevoie et
d'Asnières, vis-à-vis l'île de Neuilly. Sur les huit
personnes qui montaient ce bateau de plaisance,
quatre seulement ont pu être sauvées. Les quatre autres ont péri, malgré les efforts des mariniers d'Asnières qui étaient accourus pour leur
porter secours.

Nous avons sous les yeux un tel nombre
d'accidents causés par la natation et les bains en
rivière, qui remplissent les journaux pendant la
saison des chaleurs, que nous devons reculer
devant la tâche ingrate de les relater. Toujours mêmes causes, toujours mêmes résultats.

Ce sont des nageurs présumant trop de leurs
forces, d'autres qui sont pris de crampes ou en-
lacés par des herbes, ou qui se jettent à l'eau
après avoir mangé ; d'autres, enfin, qui reçoivent
des blessures d'objets ayant échappé à leur vue,
tels que pieux, pierres, épaves de toute nature,
ou des imprudents qui, ne sachant pas nager,
s'aventurent trop près des courants et perdent
pied. Ce sont aussi des pêcheurs à la ligne, des
chasseurs de canards, des savants entraînés par

l'amour de la science, auxquels le pied manque et qui glissent dans l'eau.

Il en est encore de plus malheureux, qui trouvent la mort en accomplissant un devoir ou bien en se rendant à leurs affaires.

— Un accident dont les conséquences ont été bien douloureuses, dit le *Nouvelliste de Rouen*, est arrivé dans notre ville. Le nommé Leudé, charretier, était occupé à charger sur un camion des marchandises disposées sur le quai d'Elbeuf. Leudé avait coutume de prendre avec lui ses deux enfants, l'un âgé de huit ans, l'autre de cinq.

La veille encore, ces pauvres enfants avaient apporté la soupe à leur père, qui les avait fait monter dans sa voiture. Le camion était chargé, et Leudé était à la tête de son cheval pour le faire avancer, quand celui-ci, effrayé soit par le bruit que causait le départ du bateau d'Elbeuf, soit par toute autre cause, se mit à reculer. Le malheureux charretier, voyant immédiatement le danger, chercha à maîtriser et à maintenir l'animal, mais ses efforts furent vains, et bientôt cheval et voiture étaient précipités dans la Seine.

Les deux enfants furent également engloutis. Un des spectateurs, le nommé Cholet, ouvrier, n'écoutant que son courage, se précipita dans le fleuve.

Il saisit le plus jeune des enfants et fut assez heureux pour le ramener sur la berge. Tous les efforts que l'on fit pour retrouver l'autre enfant sont restés inutiles.

— Quatre personnes, un homme et une femme

Accidents de rivière.

d'un certain âge, une jeune femme et un enfant revenaient de Belley, la nuit, sous la conduite d'un voiturier qui leur avait loué ou prêté une charrette. Cédant à la fatigue, ces quatre personnes, qui espéraient arriver avant le jour à la Tour-du-Pin, s'étaient endormies. Le conducteur ne tarda pas à en faire autant, et le cheval s'en alla comme il voulut.

Au lieu de suivre la route, l'animal prit un chemin de traverse et s'arrêta au bord du Rhône, à cent mètres du fort de Pierre-Châtel. En cet endroit, le chemin longe des balmes qui surplombent le lit du fleuve à une hauteur de quarante ou cinquante pieds. Sans doute, le cheval, voyant qu'il avait fait fausse route, voulut retourner sur ses pas, mais personne ne dirigeant ses mouvements, il tourna d'une manière trop brusque, tomba dans le Rhône et y entraîna les cinq malheureux qu'il devait ramener à la Tour-du-Pin.

Le voiturier seul a pu échapper à la mort. Les quatre autres personnes se sont noyées.

Combien d'accidents arrivent par l'imprudence d'enfants ou de palefreniers qui mènent baigner leurs chevaux à la rivière !

— Un charretier au service du sieur J..., aux Thernes, a été victime de son imprudence. Malgré la défense de son maître, malgré les dangers connus de tous les habitants, que présente un ancien abreuvoir établi en aval du pont de Neuilly, ce charretier, nommé Izou, y avait conduit trois chevaux attachés ensemble et sur l'un desquels il était assis.

Les chevaux s'étant trop avancés dans le fleuve, sont tombés dans un trou, et en se débattant, ils ont jeté à l'eau leur conducteur. Le malheureux a été entraîné par le courant, et tous les efforts des mariniers ont été inutiles non-seulement pour le sauver, mais encore pour retrouver son cadavre.

Dans cette catégorie faudra-t-il classer ces accidents sans nom dus à la seule fatalité ?

—Le sieur R..., âgé de trente-deux ans, domicilié rue Saint-Honoré, avait été accompagner un de ses amis de Saint-Cloud, qui partait dans un batelet pour la pêche à l'épervier.

L'*épervier* est un filet que le pêcheur porte sur son épaule et qu'il lance avec force, de manière qu'il tombe en rond, retenant dans la main gauche la corde attachée à la queue de cet engin.

Après avoir vu son ami exécuter cette manœuvre, le sieur R... voulut absolument l'exécuter à son tour ; mais comme il lançait l'épervier, l'une des mailles s'accrocha à l'un de ses boutons. Par la puissance du jet et le poids de 12 à 14 kilogrammes de plomb qui garnissait le filet, l'infortuné pêcheur se trouva entraîné au milieu de la Seine.

Son ami essaya en vain de le secourir ; empêtré lui-même dans le filet, il faillit périr. Des mariniers accoururent dans des embarcations et réussirent à retirer les deux hommes ; mais pour le sieur R..., il était trop tard, il avait cessé de vivre.

Accidents sur la glace.

ACCIDENTS PENDANT LES GELÉES.

Nous devons noter ici les chutes et blessures causées par la glace et le verglas, soit en patinant, soit en marchant par les chemins et les rues, en traînant ou portant un fardeau, ou bien en se livrant à un exercice quelconque en temps de gelée.

Les cas d'immersion causés par le bris de la glace se présentent quelquefois. Lorsqu'ils ne sont pas suivis de mort, il est rare qu'on s'en retire sans avoir les membres brisés ou meurtris par les glaçons.

Nous trouvons dans les journaux de la Moselle le récit dramatique d'un accident sur la glace. Au-dessous du pont de Loge-Blanche, deux enfants de douze à quatorze ans s'avançaient sur la glace dont la Moselle était couverte en cet endroit. Tout à coup, un craquement se fit entendre : la glace se rompit sous les pieds des jeunes aventuriers ; ils s'enfoncèrent, et leurs têtes seules apparurent un instant à la surface. M. Louis Du Plessy, fils de l'ancien procureur impérial de Metz, patinait à quelques pas de là ; il se porta rapidement vers les deux enfants ; mais la glace ne put supporter son poids, il disparut à son tour dans l'ouverture déjà formée, et se trouva dans l'eau jusqu'au cou. M. Du Plessy sortit enfin de la position dangereuse où son dévouement l'avait attiré. Il était temps ; son corps était déjà glacé, son visage pâle et ses mains ensanglantées.

INONDATIONS.

Lorsqu'arrive la fonte des neiges, ou lorsque les fortes pluies d'orage viennent à tomber dans les montagnes, les cours d'eau qui y prennent naissance grossissent en un instant; les rivières et même les petits ruisseaux à peine remarqués deviennent tout à coup d'impétueux torrents, renversant et entraînant bateaux, barrages, digues, ponts et tout ce qui s'oppose à leur impétuosité; ils se répandent au loin dans les campagnes, ravagent les moissons, enlèvent les hommes et les bestiaux qui n'ont pu fuir, et détruisent jusqu'aux constructions les plus solides. Ces eaux s'écoulent ensuite avec la rapidité qui avait accompagné leur venue, pour ne laisser après elles, comme après un vaste incendie, que l'image affligeante d'une affreuse dévastation.

Ces fléaux accompagnent encore avec plus d'énergie peut-être la *débâcle des glaces* que vient rompre un dégel subit après une longue et forte gelée.

Les mêmes causes donnent lieu à ces terribles *avalanches* qui engloutissent des villages entiers ou les déplacent en les détruisant de fond en comble.

Toutes ces catastrophes renferment les éléments des plus graves et des plus nombreux accidents. Notre tâche serait trop longue s'il fallait énumérer les tristes résultats des inondations contemporaines, de la Loire, de l'Isère, de la Saône et du Rhône ; tout le cours de ce dernier fleuve porte encore les traces de ses funestes débordements.

Retraçons brièvement l'un des plus récents épisodes.

— Le 18 mai 1856, une inondation plus terrible que toutes celles dont on avait gardé le souvenir vint terrifier les habitants de la ville de Lyon par ses affreux ravages. La Saône déborda et envahit la partie de la ville comprise entre les places des Terreaux et de Bellecour — Le 21, elle atteignit le maximum de son élévation, puis elle baissa pour grossir de nouveau le 30. Malheureusement, la crue du Rhône prit de son côté des proportions formidables. Le 31, les eaux renversèrent la levée de la Tête-d'Or, firent irruption sur le territoire des Charpennes et envahirent les Brotteaux et la Guillotière. Trois cents maisons s'écroulèrent, engloutissant dans leur ruine une partie de leurs habitants. Vingt mille individus durent fuir leurs demeures et camper sur des points que l'inondation n'avait pu atteindre. Des actes de dévouement sans nombre signalèrent cette grande catastrophe. Aussitôt que le télégraphe en eut apporté la nouvelle, le chef de l'Etat, dont le cœur sait prendre toutes les initiatives généreuses, se rendit immédiatement sur le lieu du désastre ; oublieux du danger, Sa Majesté l'Empereur se rendit à cheval au milieu des débris flottants et des cadavres, et de tous ces malheureux qui tendaient vers lui leurs mains suppliantes, implorant et bénissant en même temps leur noble consolateur.

Le tableau de cette scène attendrissante ne sortira jamais de la mémoire de ceux qui en furent témoins, et le Prince conquit le peuple de Lyon par la plus douce et la plus impérissable de toutes ses victoires.

La charité publique et privée ne fit pas défaut dans ces tristes circonstances. Les plaies sont cicatrisées, les habitations reconstruites ; d'intelligents travaux ont été exécutés pour empêcher le retour de pareils malheurs. Mais nous le demandons, que peut la charité en présence d'un pareil désastre ? Ne reconnaît-on pas qu'il est des natures de plaies qui ne peuvent être pansées et guéries que par l'assurance ?

Ainsi qu'on pourra le remarquer dans le tableau statistique que nous donnons à la page 161 de ce volume, le nombre des morts accidentelles dues à l'immersion s'est élevé au chiffre terriblement lugubre de 37,115 pendant la période décennale de 1851 à 1860.

ACCIDENTS CAUSÉS PAR L'USAGE DES ARMES A FEU, LEURS PROJECTILES ET LA PYROTECHNIE.

L'usage des armes à feu telles que canons, fusils, pistolets, boîtes d'artifice, etc., etc., offre de grands dangers que la prudence même la plus excessive ne suffit pas toujours à conjurer. La quantité et la diversité des accidents qui en sont la conséquence ne permettent pas d'en faire une énumération complète. Nous allons en signaler quelques-uns :

Explosions spontanées.

Le plus important des accidents, à cause de ses affreux ravages, est l'explosion spontanée sans causes apparentes ou connues des fabriques ou dépôts de poudre de mine, de guerre, de chasse, poudre fulminante pour amorces et fulmi-coton. Ces événements sont plus fréquents que ne pourraient le faire supposer les précautions dont ces établissements sont entourés. Il n'est pas d'année qui n'en offre quelque triste exemple.

— Une partie de la grande poudrière d'Ochta a sauté. Le fracas de l'explosion a été effrayant et son résultat désastreux : près de trente bâtiments ont été détruits ; un certain nombre sont devenus la proie de l'incendie, et environ quatre-vingts ont été ébranlés. Les victimes de cette catastrophe sont nombreuses : six ouvriers ont été tués ; plus de cinquante ont reçu des blessures plus ou moins graves ; trois ont disparu sans qu'on ait pu parvenir à en trouver encore la moindre trace dans les décombres.

— A Corfou (archipel Ionien), l'explosion d'une poudrière a détruit cinquante maisons, le lazaret, un fort, les bureaux de la douane et d'autres bâtiments. Il y a eu, parmi les militaires, 90 morts, 30 blessés et 30 disparus ; et parmi les habitants, 47 morts et 200 blessés.

— Le 1er octobre 1864, à Erith, près de Londres, les deux fabriques de poudre de MM. Hall et fils ont sauté. Une épouvantable secousse, produite par l'explosion de 30,000 barils de poudre, a ébranlé tous les quartiers voisins. Quarante individus ont été ensevelis sous les décombres. On a retrouvé leurs cadavres mutilés. Le nombre des blessés est incalculable. Plusieurs maisons sont détruites de fond en comble.

—

Explosion de projectiles ou de pièces d'artifices.

De fréquents accidents sont dus à la précipitation qu'on met à ramasser les projectiles creux qui n'ont pas éclaté pendant le tir ou qu'on envoie à l'atelier pour les réparer.

— Un obus chargé provenant de la fouille de la butte du polygone où se font les exercices de tir, et livré à l'arsenal de Strasbourg pour être réparé, a éclaté dans les ateliers pendant le travail. Rien n'indiquait que ce projectile fût chargé en guerre. Un canonnier a été tué sur le coup et un autre grièvement blessé.

Il est peu de réjouissances publiques qui ne soient signalées par un accident plus ou moins grave causé par le départ précipité d'une pièce d'artifice ou sa mauvaise direction.

— Le 15 août, la population se pressait en rangs compactes sur la place d'Armes de Cherbourg, pour assister au feu d'artifice qui a été tiré sur e quai Napoléon, devant la statue équestre.

Un terrible accident a troublé le spectacle.

Une grande pièce d'artifice s'est enflammée au moment où on s'y attendait le moins, et prenant une direction horizontale du côté du public, a atteint quatre personnes, dont une a été tuée sur le coup.

— Un terrible accident est venu changer en une triste journée de deuil la fête patronale de Palinges. Les boîtes dont l'explosion devait annoncer cette réjouissance avaient été installées sur la place publique, au centre du bourg, non loin d'une salle de bal où, à ce moment même, une foule de danseurs se livraient à de joyeux ébats. Tout à coup, une terrible explosion se fait entendre, suivie aussitôt de cris déchirants et d'une sinistre rumeur. Huit personnes avaient été frappées par les fragments de l'une des boîtes qui venait d'éclater.

Nous renonçons à peindre cette scène de désolation. Trois expirèrent, et les cinq autres furent grièvement atteintes.

Explosion d'armes à feu.

Certains défauts de fabrication combinés avec des circonstances atmosphériques, l'emploi de trop fortes charges ou l'inexpérience, suffisent à provoquer l'éclat d'une arme, quelles que soient ses apparences de solidité, et bien qu'elle ait été soigneusement essayée.

— Les ouvriers de la fabrique de velours de Mareuil, près d'Arras, voulurent exprimer toutes leurs sympathies et leur reconnaissance à la famille de leur patron, à l'occasion du mariage de sa fille. Malheureusement l'idée vint ensuite de recourir à la déplorable coutume des coups de fusils, des détonations de tout genre. De petits canons furent bourrés, on y mit le feu, et l'un d'eux n'étant point parti, le contre-maître vint se placer vis-à-vis de la gueule de l'arme; à ce moment, l'explosion eut lieu, et le malheureux tomba mortellement atteint.

— A Maromme, près de Rouen, un accident regrettable a signalé la Fête-Dieu. Un ouvrier blanchisseur ayant voulu faire partir un petit canon en bronze au moment où la procession passait, l'arme a éclaté, et le fils du malheureux ouvrier a été atteint de manière à faire craindre pour sa vue et peut-être pour sa vie. Le père lui-même a été grièvement atteint à la main et à la jambe.

— Un événement tragique a interrompu une séance de prestidigitation que donnait à An-

vers un jeune physicien. Au moment de tirer un pistolet, le canon a éclaté. Il y a eu plusieurs victimes de cet accident ; on cite entre
autres une ouvrière que l'on a transportée chez
elle grièvement blessée.

Usage imprudent des armes à feu.

Les artilleurs un peu lents sont souvent atteints
par le recul de leurs pièces.

Dans un exercice à feu, l'inexpérience d'un
jeune soldat, l'oubli d'une baguette dans le fusil,
ou l'éclat d'une capsule ont été maintes fois la
cause de graves accidents

Dans l'ordre civil, les exemples d'accidents
causés par des imprudences coupables sont si
fréquents et se présentent sous des formes si variées, que nous devons renoncer à les enregis-
trer. Quelques exemples, pris au hasard dans
ceux causés par une triste fatalité, peuvent à
peine donner une idée des malheurs qui rentrent
dans cette catégorie.

— M. Benoît L..., restaurateur à Robinson, a
l'habitude d'annoncer l'ouverture de son bal par
l'explosion de deux petits mortiers auxquels il
met le feu lui-même. Avant-hier, un de ces mortiers ne partit pas. Le restaurateur, au bout de
quelque temps, voulut examiner quelle en était

la cause. Au moment où il portait sa main droite dans la gueule du mortier, il fit explosion et emporta cette main de telle façon qu'elle ne tenait plus au membre que par quelques filaments. On a jugé nécessaire l'amputation de l'avant-bras; elle a été pratiquée immédiatement.

— A Saint-Gilles (Gard), le sieur Justin Almiès trouva un vieux fusil abandonné. Ne le croyant pas chargé, il mit des capsules sur les cheminées et heurta le fusil, qui partit, lui envoyant la charge au col du fémur; le malheureux Almiès est mort le lendemain à l'hôpital.

— A l'ouverture du tir au polygone de Vincennes, une balle est venue frapper au coude du bras droit un ouvrier qui travaillait dans l'avenue des Tribunes. Le blessé a été immédiatement conduit à l'Asile impérial.

— A Esquelbecq, le village était en fête : il y avait un tir à la cible chinoise auquel le corps des pompiers prenait part. Un individu bien mal inspiré interpelle de sa fenêtre un tireur et lui dit : « Tu ne sais pas tirer. — Tiens, vois si je ne sais pas tirer, » réplique le pompier. Il ajuste son interlocuteur et le blesse mortellement.

— A Marseille, un jeune homme de seize ans, en maniant imprudemment un révolver, qu'il ignorait être chargé, a fait partir cette arme et a reçu deux balles en pleine poitrine. Malgré les secours les plus empressés qui lui ont été donnés instantanément, le pauvre jeune homme n'a survécu que quatre heures à son horrible blessure.

Accidents de chasse.

Chaque année, à l'ouverture de la chasse, les journaux sont remplis de nombreux accidents causés par la fatalité, l'inhabileté ou l'imprudence de chasseurs plus ou moins novices. Tantôt un fusil trop anciennement ou mal chargé, ou dont les canons ont été bouchés accidentellement par de la terre ou tout autre corps, éclate entre leurs mains ; d'autres fois, le chasseur prend son arme par le canon pour franchir un fossé ; il en accroche les batteries aux branches d'un fourré ; son chien, en sautant après lui, pose la patte sur la gâchette ; il laisse tomber brusquement la crosse par terre ; enfin charge un canon qui vient d'être tiré sans désarmer celui qui ne l'est pas encore. Un chasseur inexpérimenté est trompé par les apparences, envoie sa charge à un voisin ou à quelque individu caché par une broussaille ou un pli de terrain. Dans les battues sous bois, peu de chasseurs ont assez de sang-froid ou l'oreille assez fine pour bien conserver leur ligne. De là des événements sans nombre. D'autre fois encore, la fatalité la plus déplorable et la plus imprévue frappe un homme que sa sagesse et son expérience devraient faire supposer à l'abri d'un pareil coup.

— Il y a quelques années, M. de F..., capitaine de dragons, se préparait pour se rendre en congé. Son fusil démonté est prêt à mettre dans sa malle. Il prend les canons qui lui échappent des mains ; les cheminées frappent le parquet, le coup part et fracasse le pied au malheureux officier, qui meurt laissant une veuve sans fortune.

— Un des bons cultivateurs de la Moselle, habitant Epange, était allé, avec son fils, âgé de vingt-cinq ans, faire une partie de chasse dans les bois du Burtoncourt. Vers neuf heures et un quart du matin, comme il pleuvait, il entra chez lui, tenant son fusil double, chargé et armé sous son bras gauche et sous la couverture de sa carnassière. Arrivé dans la cuisine avec son fils, qui se dirigeait vers une chambre donnant sur le derrière de la maison, M. M... se retourna pour lui parler et prit en même temps son fusil de dessous son sac. Pendant cette manœuvre, l'un des coups partit et atteignit le jeune homme mortellement.

— Une dépêche télégraphique arrivée de Londres annonce que le capitaine Speke, qui avait découvert les sources du Nil, s'est tué à la chasse, près de Corsham. Il avait voulu franchir un mur peu élevé, et le chien de son fusil ayant accroché une haie, la charge tout entière l'a atteint en pleine poitrine. Il n'a survécu que quelques minutes à ce terrible accident.

— Un journal anglais a annoncé la mort de M. John Fowler, inventeur de la charrue à vapeur. Il a succombé à une attaque de tétanos, causée à la suite d'un accident de chasse.

Nous nous bornons à signaler ces quelques exemples de la plus déplorable destinée; la nomenclature des accidents dus à des causes plus faciles à prévoir remplirait chaque année de

Accidents de chasse.

gros volumes, et n'apprendrait rien de plus à nos lecteurs.

La moralité qui ressort de tous ces exemples est que, prévus ou non, les accidents sans nombre qui résultent de ces moyens destructeurs, à l'adresse des autres, trompent fréquemment les prévisions de ceux qui les emploient, et que, dans leur intérêt et celui de leur famille, ils ne sauraient trop se prémunir contre les événements qui les attendent presque tous. Il n'est personne qui, dans son existence de chasseur, n'ait été acteur ou témoin de scènes affligeantes qui déroutent toute prévoyance humaine.

ACCIDENTS CAUSÉS PAR LA FOUDRE, LES TROMBES OU LES TEMPÊTES.

La *foudre* ou *fluide électrique* est un des quatre agents physiques impondérables. Il est d'une subtilité dont l'imagination peut à peine se faire une idée. La rapidité avec laquelle il marque sa présence sur tous les points d'une immense étendue démontre suffisamment sa faculté *ondulative*, c'est-à-dire sa fluidité.

La foudre brûle les corps combustibles, fond les métaux, brise les corps non conducteurs, déracine les arbres; enfin, si elle ne tue pas toujours les hommes et les animaux, elle sillonne leurs corps de plaies profondes, et leur fait éprouver des commotions tellement vives, qu'ils peuvent s'en ressentir pendant toute leur vie.

Les relevés statistiques nous montrent que, dans la période de 1851 à 1860, sept cent quatre-vingt-quatre personnes ont perdu la vie par l'effet de la foudre.

Il est dangereux de se placer sous un arbre pendant l'orage, parce que les arbres, par cela même qu'ils sont élevés, attirent la foudre ; de plus, comme ils sont assez bons conducteurs de l'électricité, ils attirent encore l'orage.

— Trois hommes étaient occupés à cueillir des poires à 200 mètres du bourg de Nibelle, lorsque la foudre tomba sur le poirier, le contourna du sommet à la base en forme de vis sans fin, enlevant l'écorce et du bois sur l'épaisseur d'un centimètre, sur une largeur de près d'un décimètre. Puis, quittant l'arbre, le tonnerre tomba sur la tête d'un des ouvriers qui mangeait son pain et le tua, ainsi qu'un chien assis à ses côtés. Le corps était comme brûlé par derrière de haut en bas et conservait une très forte odeur de soufre.

— Un jeune ouvrier carrier fut surpris par un orage près des carrières de Saint-Maur, à la Porte-Blanche. Il eut la fatale idée d'aller se réfugier sous un chêne. A peine y fut-il quelques instants que la foudre tomba sur l'arbre et tua l'imprudent sur place.

Les clochers, à cause de leur hauteur, attirent la foudre. Si l'édifice est atteint, le fluide, en suivant la corde, viendra frapper les sonneurs. C'est pourquoi il est toujours très imprudent de sonner les cloches pendant un orage.

— Un jeune homme a été frappé de la foudre dans le clocher d'Epfig (Bas-Rhin), pendant que l'on sonnait la cloche pour conjurer l'orage.

— Au château de Chassagny, près de Givors (Rhône), la foudre pénétra dans une salle à manger ; la femme de chambre a été renversée sur le coup, et n'a plus donné signe de vie. Le dos du peigne en argent qui retenait sa chevelure a été criblé de trous comme une écumoire, plusieurs dents ont été en outre fondues.

— A Saint-Laurent-des-Hommes (Dordogne), une jeune fille, âgée de vingt ans, a été frappée au sommet de la tête et a été tuée instantanément.

— Dans une campagne située à peu de distance de Montpellier, sur la route de Toulouse, cinq jeunes gens et la mère de l'un d'eux se trouvaient réunis lorsque la foudre est venue les visiter. Elle a pénétré dans la maison en brisant une vitre de la fenêtre ; instantanément toutes les personnes furent renversées, quatre des jeunes gens ont été plus ou moins grièvement blessés : la mère a eu une jambe brisée ; quant à son fils, il a été tué raide, soit par la commotion qu'il a éprouvée, soit par l'asphyxie, car on n'a trouvé sur lui aucune trace de brûlures.

Ce dernier effet tient à des causes que nous allons essayer d'expliquer :

Il peut se trouver que l'électricité de ce jeune homme ait été en rapport avec celle du nuage.

L'électricité de l'homme est complète, c'est-à-dire composée à la fois d'éléments positifs et négatifs ; celle des nuages est souvent d'une seule nature. Supposons donc qu'un homme et un nuage chargé d'électricité positive soient mis en rapport; par une propriété fondamentale bien connue, l'électricité positive de l'homme sera repoussée, et entrera dans la terre. Son électricité négative, au contraire, sera attirée par le nuage; mais si ce nuage en rencontre un autre, sur lequel il se décharge en produisant l'étincelle électrique, connue sous le nom d'*éclair*, son influence sur l'homme cessera brusquement; l'électricité positive rentrant alors dans son corps déterminera une commotion violente, qui amènera presque toujours la mort, bien que le tonnerre ait pu tomber à une grande distance de l'individu. Ce phénomène curieux est connu sous le nom de *choc en retour*.

Si quelques imprudents provoquent par leur faute les accidents dont ils sont victimes, d'un autre côté, on voit que nulle prudence humaine ne peut faire éviter les effets désastreux de ce terrible agent physique. C'est donc un acte de sagesse des plus élémentaires que de se prémunir pour soi ou pour sa famille contre les conséquences de ces événements imprévus.

Les accidents sont quelquefois causés par des TROMBES, qui se présentent dans tous les lieux, sur la mer, les lacs, les rivières, sur les terres habitées et dans les déserts; l'intensité de ce phénomène, qui n'a pu être encore expliqué d'une manière satisfaisante, est quelquefois si grande que de très-gros arbres sont arrachés et transportés au loin avec leurs racines. Elles peuvent alors détruire des habitations, tuer les hommes et les animaux ; telle a été la trombe de Monville, près Rouen, en 1845. Les trombes déterminent souvent des inondations et des éboulements de constructions.

Les trombes sont pour l'ordinaire suivies ou précédées de coups de vent qui se font sentir à des distances considérables. D'autres circonstances atmosphériques les déterminent aussi, et tous les jours la météorologie nous signale ces grands déplacements de l'air qui apportent successivement la tempête dans les différentes régions du globe. Est-il nécessaire de signaler les dangers qui menacent alors la vie des hommes ? Nous ne citerons pas d'exemples, nous dirons seulement que, dans ces circonstances, l'assurance peut intervenir avec bonheur pour réparer de nombreux désastres.

———

ACCIDENTS DIVERS.

L'attention la plus grande ne peut empêcher que, dans la rue, vous ne mettiez le pied sur un clou, un morceau de verre, un objet coupant, et que ces accidents ne vous causent une de ces blessures dangereuses par la longueur de leur guérison et parfois les ravages qui peuvent en être les conséquences.

Lors des grands vents, il n'est pas de jour que l'on ne signale la chute d'un corps plus ou moins volumineux, tel que cheminée, tuile, volet, persienne, etc.

—Un clerc d'avoué côtoyait la place de la Bourse pendant une violente bourrasque, tenant à deux mains son parapluie, quand une persienne, arrachée par le vent à une des fenêtres du quatrième étage, lui tomba droit sur la tête. Bien que le parapluie ait considérablement amorti le choc, ce jeune homme a été grièvement blessé et s'est affaissé sur le coup. Relevé et transporté dans une pharmacie voisine, il a été, après avoir reçu les premiers soins, reconduit dans une voiture de place à son domicile.

Ou bien encore, le matin et le soir, dans la rue, un garçon de magasin, ouvrant ou fermant la boutique, peut heurter violemment un passant distrait ou inattentionné.

Les escaliers cirés sont fort dangereux; mais au moins on peut amortir la chute en ayant soin de tenir la rampe; mais sur les quais et trottoirs élevés, la dalle usée et glissante vous tend un piége dans lequel la moindre inattention peut vous faire tomber.

— En descendant imprudemment, avant-hier, à dix heures du soir, l'escalier en face de la rue du Haut-Pavé, qui conduit à la berge du quai Montebello, un marchand d'habits de la rue Neuve-du-Maine est tombé d'une hauteur de quatre mètres sur le sol du chemin de halage.

Aux cris que poussait ce malheureux, on s'est empressé d'accourir, de le relever et de le conduire à l'Hôtel-Dieu, où l'on a constaté que, dans sa chute, il s'était fracturé la jambe droite à deux

Chute dans un escalier.

endroits et avait reçu plusieurs blessures graves à la tête.

Les plus petites causes, une peau d'orange, une feuille de salade ou même la sécheresse qui rend si glissantes les dalles de granit, peuvent occasionner des chutes dont les conséquences, sans avoir cette gravité qui atteint l'existence, vous tiennent éloignés, pendant un certain temps, de vos travaux habituels : telles sont les fractures, entorses, foulures ou luxations diverses.

Une légère imprudence peut conduire aux mêmes résultats.

Que d'exemples de causes extérieures et inattendues, qui peuvent faire éclater auprès de vous ou même entre vos mains un vase contenant des matières explosibles : la fermentation, le feu, un choc, etc., etc., sont les causes les plus fréquentes de ces accidents.

—Une femme d'un cafetier de la commune de Villars (Vaucluse) était occupée à garnir d'huile de pétrole quelques lampes ; elle avait placé une bouteille remplie de liquide à une certaine distance du feu de la cheminée, mais encore assez près pour que l'huile pût s'échauffer.

Au moment où elle reprenait cette bouteille, le liquide a fait explosion. La pauvre femme a été subitement enveloppée par les flammes, et, malgré la promptitude des secours, elle a été gravement atteinte.

Les domestiques de ferme qui soignent les animaux domestiques sont exposés à leurs fureurs, dues souvent à des causes extérieures et impossibles à prévoir.

—Un terrible accident est arrivé à Saint-Léger, près de Hodeng-au-Bosc (Seine-Inférieure). Une jeune fille de dix-sept ans ramenait à l'étable un taureau, lorsque l'animal se précipita sur elle et lui donna un coup de corne dans le ventre. Cette jeune fille ne poussa qu'un cri, et expira trois heures après.

Nous ne nous appesantirons pas sur cette horrible maladie que la science médicale est impuissante à guérir, et qu'aucune précaution ne peut conjurer. Il n'y a pas d'années où, malgré les précautions prises par l'autorité, l'hydrophobie n'exerce ses ravages.

Les promeneurs, les peintres, les herborisateurs, sont exposés à la morsure des vipères, souvent difficiles à éviter par la facilité que ces animaux ont à cacher leur présence. Morsures toujours dangereuses si le remède n'est pas promptement appliqué.

N'oublions pas ces martyrs de la science frappés dans l'exercice de leur noble fonction, au moment où ils recherchent les moyens d'apporter à leurs semblables le remède aux maux dont ils sont atteints.

—Un élève distingué des hôpitaux de Paris et rempli d'avenir, M. Coste, vient de succomber aux suites d'une piqûre anatomique.

M. Frédéric Coste, externe à l'hôpital Necker (service de M. Bouley), était à la veille de terminer ses études; il se préparait à remplacer son père dans une de ces clientèles de campagne où le dévouement est au moins aussi nécessaire que la science. Une foule nombreuse d'amis a suivi

Morsure par un chien enragé.

jusqu'à sa dernière demeure cette nouvelle victime des études médicales.

Partisan du progrès, vous admirez le soir le magnifique spectacle que donne cet éclairage splendide illuminant nos magasins, nos rues, nos boulevards et nos places publiques, sans vous douter que le volcan est sous vos pieds, et que la moindre imprudence, un cigare jeté par mégarde près d'une fuite de gaz, une allumette enflammée mal à propos, peuvent provoquer une explosion suivie des plus affreux malheurs.

Souvent aussi la cause demeure inconnue; mais les ravages n'en sont pas moins très-graves.

—Une explosion formidable, dont le bruit était semblable à une détonation d'une pièce d'artillerie de gros calibre, a eu lieu dans la galerie en amont du pont d'Austerlitz, près du quai de ce nom, où la Compagnie parisienne faisait exécuter des travaux pour remplacer les tuyaux de conduite du gaz. Les causes de l'explosion sont demeurées inconnues, les effets ont été terribles. Un ouvrier qui travaillait dans la galerie a été tué sur le coup ; la jambe gauche a été détachée du corps à la hauteur du genou et transportée à une certaine distance. Deux autres ouvriers qui étaient à l'extrémité du caniveau ont été grièvement blessés, ainsi qu'un troisième qui se trouvait à la tête du pont, du côté de la place Valhubert. Des passants auraient reçu des contusions légères. La pluie, qui tombait avec violence au moment de cet événement, avait rendu heureusement le pont presque désert, sans quoi le nombre des victimes aurait été considérable.

INCENDIE DE VÊTEMENTS.

Il n'y a pas d'accidents plus terribles dans leurs conséquences que les brûlures résultant de l'incendie des vêtements d'une personne. Il faut bien reconnaître que la nature et la forme des costumes adoptés depuis quelque temps par les femmes les a multipliés d'une manière effrayante. Le martyrologe de la gaze et de la crinoline ne compte pas moins de 350 personnes par année.

—A Toulouse, une jeune femme de vingt-trois ans, enceinte, faisait du thé, lorsque le feu s'est mis à ses vêtements ; se voyant tout à coup entourée de flammes, seule en ce moment dans sa chambre, elle s'est élancée dans l'escalier, en appelant des secours qui ne se sont pas fait attendre ; mais elle était dans le plus pitoyable état ; de ses vêtements, il ne restait que les bas et les poignets des chemises. On a immédiatement appelé un médecin, qui, après avoir donné les premiers soins, a jugé la situation de cette femme assez grave pour la faire transporter à l'Hôtel-Dieu.

Les bals sont quelquefois attristés par des accidents semblables. Nous rappellerons celui qui arriva à la Préfecture de Versailles, et qui choisit pour victime la maîtresse de maison elle-même.

Les accidents qui arrivent au théâtre n'ont heureusement pas tous un dénouement aussi funeste que celui qui a atteint mademoiselle Emma Livry, enlevée si jeune aux nombreux admirateurs de son talent.

—

ACCIDENTS PAR SUITE D'INCENDIES.

Malgré les nombreux risques que courent les sapeurs-pompiers et les sergents de ville, en raison des preuves désintéressées du dévouement le plus absolu, il fallait, dans une généreuse pensée, que ceux qui pouvaient trouver la mort ou recevoir des blessures en s'exposant à un danger imminent pour sauver l'existence de leurs semblables ou même la propriété d'autrui, fussent également sauvegardés par l'assurance, et qu'il ne pût venir à aucune personne la pensée qu'une exception quelconque de ce chef pût leur être opposée.

L'admirable constitution du corps des sapeurs-pompiers à Paris et dans les grandes villes, le zèle spontané et désintéressé de citoyens et de pères de famille dans les provinces, feront constamment l'objet de la plus grande admiration et sont au-dessus de tout éloge.

L'assurance sera pour eux une certitude que les suites souvent funestes de leur abnégation ne laisseront pas après eux femmes et enfants dans la misère, si jamais une sombre et fâcheuse pensée pouvait venir les troubler dans l'accomplissement de leurs pénibles devoirs.

La conduite des communes peu aisées est toute tracée, des tarifs collectifs modérés leur offrent à peu de frais le moyen de ne pas manquer à la reconnaissance que leur impose un pareil dévouement.

Le développement de ces assurances collectives se trouve au chapitre relatif aux ouvriers.

Quelqu'intelligents que soient les secours de ces hommes habitués au danger, la violence de certains incendies et la promptitude avec laquelle ils se déclarent, ne permettent pas d'arracher toutes les victimes à ce fléau destructeur.

Les femmes, les enfants, les malades, les personnes surprises dans leur premier sommeil, ou les malheureux qui espèrent soustraire eux-mêmes aux flammes quelques faibles débris de leur fortune; enfin, les sauveteurs eux-mêmes, augmentent cette triste énumération. Quel cœur peut résister à la vue de pareils désastres, qui se manifestent toujours la nuit, alors qu'à peine éveillé l'effroi et la douleur paralysent toute volonté.

Si l'on n'est pas atteint par les flammes, des planches effondrées, des murs écroulés ou des débris lancés avec précipitation, peuvent atteindre et causer de terribles blessures.

Depuis 1818, la prudence et l'intérêt ont prévu la nécessité, par l'assurance, de la réparation des pertes matérielles résultant de l'incendie. Mais là se borne, et doit se borner, en effet, la mis-

Accident par suite d'incendie.

sion des Compagnies d'assurances de cette nature.

L'humanité réclamait d'autres soins et imposait d'autres devoirs, il y avait une lacune à combler, il fallait, à l'exemple de l'Angleterre et de l'Allemagne, qui nous ont devancés dans cette voie philanthropique, un complément, une Société à primes fixes, qui permît aussi de réparer les désastres personnels, et c'est cette pensée qui a présidé à la création de la SÉCURITÉ GÉNÉRALE.

Voici quelques exemples pris au hasard pour démontrer la nécessité de cette assurance :

— Le feu a pris à Elbeuf dans un séchoir de laine. Un bâtiment entier de 65 mètres de long a été détruit, avec la plus grande partie des marchandises y contenues, ainsi qu'une construction agricole voisine.

On a pu préserver un vaste établissement de tissage et son magasin de laine contigu.

Malheureusement, une jeune servante de seize ans, qui aidait à transporter sa maîtresse paralysée, a péri dans l'incendie.

— Dans la commune de Mont-sous-Vaudrey (Jura), six maisons ont été consumées. Un cultivateur de Villette, qui était venu coucher à Mont-sous-Vaudrey, a péri dans les flammes. Ce malheureux était père de six enfants en bas âge.

— A Condé (Nord), un incendie considérable a éclaté dans la filature de M. Michel Marie.

Les maisons environnantes ont été atteintes.

Le nommé Duchemin, menuisier, a eu la cuisse cassée.

—Dans la nuit, un incendie a éclaté au hameau de la Bussière, commune de Pérassay, sur les limites de l'Indre et du Cher. Il a complétement détruit la maison de la veuve Aussanaire. Il a fallu toute l'énergie des habitants pour préserver le village. Le cadavre de la veuve Aussanaire a été retrouvé calciné sous les décombres.

Les relevés statistiques accusent une moyenne de 635 morts accidentelles de cette nature.

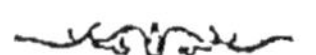

DEUXIÈME PARTIE

—

DE L'ASSURANCE INDIVIDUELLE POUR LES OUVRIERS,
DE L'ASSURANCE LIMITÉE AUX HEURES DE TRAVAIL,
ET DE L'ASSURANCE COLLECTIVE POUR LES CHEFS
D'USINES, D'ÉTABLISSEMENTS OU D'ADMINISTRA-
TIONS.

Dans l'étude des grandes questions qui se rat-
tachent au sort de l'ouvrier, les uns se sont occupés de son instruction et de son intelligence,
les autres de sa famille et du sort de sa femme et
de ses enfants; ceux-ci se sont efforcés d'apla-
nir les difficultés qui naissent de ses rapports,
parfois très-délicats, avec ses patrons, ceux-là,
enfin, se sont consacrés plus particulièrement à
la mission de faire pénétrer dans les masses les
idées de prévoyance, en créant des institutions
destinées à assurer l'avenir. Mais tous ont été
unanimes à reconnaître que le sort et le salut de
l'ouvrier sont entre ses mains, que c'est seulement par lui et avec lui qu'il est possible de par-

venir efficacement au développement de son bien-
être moral et matériel.

Si toutes les classes de la société ont des devoirs communs à remplir, elles ont aussi des devoirs qui leur sont propres, et selon que ces derniers sont plus ou moins régulièrement accomplis, le niveau de leur prospérité tend à s'élever
ou à s'abaisser; ainsi, c'est par le travail que les
classes ouvrières s'élèvent, c'est par lui qu'elles
acquièrent cette indépendance nécessaire à la
dignité de l'homme, c'est par lui enfin qu'elles
se rendent dignes du rôle élevé auquel les con-
vie la constitution démocratique de notre pays ;
mais plus le travail est nécessaire à l'ouvrier,
plus le fruit de ce travail a besoin d'être protégé
contre toutes les chances contraires qui peuvent
le menacer ; c'est pour cela que nous avons vu
dans ces derniers temps se multiplier l'association sous toutes ses formes, et les institutions de
prévoyance.

Parmi ces dernières institutions, quelques-
unes sont actuellement entrées complétement
dans nos mœurs. L'épargne est constituée, et
sinon universellement pratiquée, du moins ac-
ceptée dans une très-large mesure ; cependant,
si respectable, si utile qu'elle soit, l'épargne individuelle ne saurait seule parer à toutes les
éventualités contraires. Il est au-dessus des forces de l'individu isolé de lutter avec ses seules
ressources contre les chances si diverses de la
mauvaise fortune, une telle puissance ne peut
appartenir qu'à l'être collectif représenté par
l'assurance.

Or, en fait d'assurances, notre pays est loin encore de posséder des institutions aussi complètes que certaines contrées voisines, si les applications de ce principe tutélaire ne laissent plus guère rien à désirer en ce qui touche les richesses matérielles du pays, ses applications à l'individu lui-même pris soit isolément, soit en groupes, se trouvent encore restreintes chez nous à peu près à la seule éventualité du cas de vie ou de mort.

Etendre les bienfaits de cette garantie aux accidents de toutes natures dont les conséquences plus ou moins durables influent si considérablement sur la destinée de chacun de nous et de l'ouvrier en particulier, c'est presque centupler les avantages d'une institution dont l'utilité doit se faire sentir à tous les degrés.

C'est dans ce but qu'a été fondée la société d'assurances la Sécurité générale. Son nom indique assez l'objet qu'elle se propose, le but qu'elle espère atteindre.

Intérêt, dignité, honneur, tout doit porter l'ouvrier à accueillir favorablement cette nouvelle création.

S'il est une aspiration profondément gravée dans le cœur de l'ouvrier, c'est assurément celle de sa *dignité personnelle*. Il est heureux lorsqu'il peut dire : « *Je n'ai besoin de personne,* » et, montrant ses bras avec fierté, ajouter : « *Avec ceci je suffis à mes besoins, je soutiens ma femme, mes enfants et ma famille.* » Il est fier de pouvoir se présenter le front haut et tête levée ; et ce n'est pas sans raison. N'a-t-il pas droit à cette noble fierté que donne la conscience d'un travail loyalement exécuté ?

Mais qu'arrive-t-il lorsqu'un de ces événements terribles, auxquels sont exposés chaque jour les courageux soldats de l'industrie, vient atteindre l'ouvrier et l'arrêter dans le cours de ses travaux ? Lorsque des blessures graves le retiennent loin de l'atelier, épuisant ses modestes épargnes ? Si la charité se présente au seuil de sa porte, il en est attristé ; s'il est obligé de tendre la main à l'aumône, il en est profondément humilié ; la dignité de l'homme est aux prises avec les besoins de la famille, et aux souffrances matérielles viennent s'ajouter encore de cruelles souffrances morales.

C'est pour prévenir de pareilles éventualités que l'ouvrier doit s'adresser à l'assurance contre ces accidents. Pour lui, la suspension du travail entraîne fatalement la suspension des revenus journaliers qui assuraient son existence et celle de sa famille ; la gêne, sinon la misère, en est l'inévitable conséquence. Il faut recourir à la générosité du patron ou s'adresser à l'assistance publique ou judiciaire. Désormais, rien de semblable pour l'assuré. Son contrat à la main, ce n'est plus à l'aumône, à la générosité, à la charité ou à la bienfaisance qu'il devra s'adresser, c'est à une société puissante qu'il viendra réclamer, et cela en vertu d'un droit qu'il se sera créé lui-même et moyennant une légère épargne annuelle ou même mensuelle, les indemnités stipulées dans ce contrat.

N'y eût-il pas ces deux questions d'intérêt et

de dignité personnelle, qu'il y aurait encore celle de *l'honneur* qui viendrait l'engager à se rallier à cette grande œuvre de l'assurance ; nous ne voulons point parler ici de l'honneur individuel ; il est hors de doute, et il ne saurait faire question ; nous voulons parler de l'honneur professionnel, de l'honneur collectif, si souvent invoqué dans des questions qui n'ont pas une importance semblable à celle qui nous occupe.

N'est-il pas vrai que, lorsqu'un ouvrier atteint par un accident imprévu tombe dans la misère ou se traîne dans une convalescence pénible, que quelques ressources pécuniaires abrégeraient considérablement, n'est-il pas vrai, disons-nous, que tous ses camarades sont intéressés, par le sentiment de l'honneur, de la solidarité, de la confraternité, qu'unissent plus intimement tous les hommes d'une même profession, à le faire sortir au plus vite de sa triste position ? Le besoin, hélas ! a de tristes tentations, et l'homme dont les forces sont déjà épuisées n'est-il pas toujours prêt à succomber ? La charité pourra bien le sauver des angoisses de la faim ou de la honte, mais n'est-il pas plus beau, plus digne, plus noble que ce soit le camarade et l'ami qui viennent lui tendre la main et le sauver ?

Or, quel est le rôle de l'assurance en pareille occurrence ? c'est celui d'intermédiaire intelligent, de collecteur auprès de tous et de répartiteur auprès des victimes ; l'assurance reporte à l'artisan invalide ce qu'elle a reçu de ceux qui sont en état de travailler. Ce rôle de dominateur du hasard, si ambitieux qu'il puisse paraître, devient facile à remplir lorsqu'il s'appuie sur la confiance des masses.

La compagnie la Sécurité générale est fondée sur un principe qui doit démocratiser l'assurance. Elle veut faire, à cet égard, ce que le timbre à vingt centimes a fait pour la poste. Elle veut rendre l'assurance accessible à tous, en propager les bienfaits et donner la sécurité à ceux qui jusqu'à ce jour paraissaient devoir en être fatalement déshérités.

Une imprudence légère, un moment de distraction, un souffle d'air, une corde mal attachée, une planche oscillante, une seconde de vertige, suffisent pour amener les plus déplorables résultats. L'agglomération des ouvriers, l'établissement défectueux d'un grand nombre de forges, usines, chantiers, augmentent encore ces chances si redoutables, et puis n'oublions pas toutes ces professions dangereuses dont le danger s'accroît encore chaque jour par de nouvelles matières qui pénètrent dans le domaine de l'industrie. N'oublions pas non plus ce collaborateur puissant et terrible qu'on nomme la machine et qui fait sans cesse de nouvelles victimes. — Qui pourra jamais dresser le martyrologe complet des classes ouvrières ? — Chaque rang de la société compte des morts et des blessés..., mais il n'en existe nulle part autant que dans les rangs des ouvriers ; qu'ils profitent donc de la leçon que leur donne le malheur, qu'ils se hâtent de remplir leur devoir, et ce devoir pour eux, nous ne cesserons de le répéter, c'est de conjurer les funestes conséquences du chômage, de la mutilation à vie et de la mort.

Si l'assurance est éminemment utile aux ouvriers, elle n'offre pas de moindres avantages aux chefs d'usines, d'établissements, d'administrations, aux entrepreneurs et, en général, à tous ceux qui sont responsables de la vie et de la santé des personnes qu'ils emploient. La Compagnie, en leur permettant de contracter des assurances collectives en faveur de leurs ouvriers, les aide puissamment à supporter le poids de la responsabilité qui pèse sur eux et leur donne cet immense avantage de renfermer dans les limites d'un chiffre certain et peu élevé, toutes les chances aléatoires auxquelles ils sont exposés.

Si l'œil du maître sauvegarde l'ordre et l'autorité, il ne prévient pas cependant tous les abus. Forcé de s'arrêter à la surface, il ne peut pénétrer partout, ni dans les conciliabules hostiles de l'atelier. La garantie la plus sûre, la plus intime, la plus efficace, celle qui a son principe dans la conscience de l'ouvrier, c'est l'*autorité morale du patron*. Si le patron est respecté, estimé, aimé, l'ouvrier lui obéira sans peine, et se fera un scrupule de le léser même dans ses plus petits intérêts ; chacun apportera volontiers à l'édifice laborieux de la fortune du maître, sa part de travail, de zèle et de dévouement. Cette autorité morale, si précieuse et si honorable, ce n'est ni la crainte, ni la richesse, ni l'éclat d'une haute position qui viendront la donner. Elle sera le résultat de la reconnaissance des ouvriers, pour les intelligents bienfaits dont ils auront été l'objet. Or, de tous ces bienfaits, ne sera-ce pas celui qui mettra l'ouvrier à l'abri du chômage ou de l'infirmité occasionnée par un accident, qui même en cas de mort improvisera, pour ainsi dire, une fortune au profit de sa femme et de ses enfants?

Ce n'est pas seulement l'autorité morale du patron, c'est encore sa propre *sécurité* qui lui commande de contracter, en faveur de ses ouvriers, des assurances collectives ; quelle que soit la prudence des chefs ou de ceux qui les remplacent, les accidents nombreux dont ils sont le plus souvent responsables, viennent porter la tristesse et le deuil au sein de l'atelier ou des chantiers. La rapidité des travaux, l'agglomération des ouvriers, l'usage des machines, les ont multipliés dans ces derniers temps d'une manière effrayante. Lorsque le malheur frappe le chef d'établissement dans la personne de l'un de ses ouvriers, il se trouve en présence de cette alternative : traiter à l'amiable avec la victime ou ses héritiers, en payant l'indemnité qui lui est réclamée, ou bien porter le litige devant les tribunaux. — Le premier cas est rare, les prétentions sont ordinairement exagérées et cela se comprend sans peine ; la douleur, le désespoir, les mauvais conseils, grossissent bien souvent l'importance du sinistre. En présence d'une prétention exagérée, il ne reste plus qu'à recourir aux tribunaux, et c'est avec une répugnance sensible que les chefs d'établissement se soumettent à une pareille extrémité, car ils savent bien que le juge, par humanité, sera toujours disposé à tendre une main secourable au blessé. De plus, il y a pour eux comme une honte aux yeux du public, à ce que ce soit la loi et non le sentiment intime de la justice, qui leur impose l'obligation de secourir les victimes frappées à leur service ; et d'ailleurs leur résistance même légitime produit une impression fâcheuse sur l'esprit des autres ouvriers ; cependant les patrons ne peuvent toujours subir la pression que l'on tend à exercer sur eux.

Toutes ces difficultés, le patron peut les éluder sans peine et à peu de frais, en contractant une assurance collective avec la compagnie la Sécurité générale. Par elle il se trouve délivré des prétentions exagérées, des humiliations auxquelles l'expose sa qualité. Par elle il se voit exonéré, dès le début de son exploitation, d'un fardeau énorme, qui peut entraver son avenir commercial.

Tous les ouvriers entrant dans un atelier accepteront sans difficulté cette garantie qui leur est offerte ; car ils sauront que, dans le cas d'un accident fortuit, l'assurance les protége, et leur assure sans frais, une indemnité plus certaine que celles qu'ils auraient à réclamer directement des tribunaux.

Indépendamment de ces considérations, n'est-ce donc rien pour le chef d'industrie que de pouvoir chiffrer l'imprévu, et d'évaluer à un centime près, la somme nécessaire pour couvrir les indemnités imposées par les accidents dans le cours d'une année ?

En dehors de l'assurance, cette évaluation est impossible. Or, les hommes spéciaux savent combien l'imprévu peut apporter de trouble dans le capital roulant d'une entreprise, et combien cet imprévu peut compromettre l'entreprise elle-même.

Cet avantage n'a pas échappé à un journal spécial : l'AVENIR COMMERCIAL, qui fait autorité en pareille matière et auquel nous empruntons les lignes suivantes, extraites de l'article dans lequel il était question de notre fondation.

« La prévoyance est une vertu qui n'est pas
» seulement utile aux personnes privées, elle
» est indispensable aux grands établissements,
» car elle permet de chiffrer de la manière la
» plus exacte ce que l'on appelait autrefois l'im-
» prévu. Désormais, toutes les Compagnies, dont
» les employés pourront être frappés par des ac-
» cidents inattendus, seront à même de calculer
» à l'avance le chiffre des risques qu'ils courent
» de ce côté. La prime qu'elles auront à payer
» fixera invariablement le chiffre de leur respon-
» sabilité. »

Il serait trop long de chercher à examiner et à développer tous les avantages que présente à l'ouvrier comme à son patron, la pratique de l'assurance contre les accidents. Tous les hommes de cœur et d'intelligence nous suppléeront pour l'accomplissement de cette tâche. Les *architectes*, les *ingénieurs*, les *entrepreneurs*, qui sont en rapports constants avec cette classe in-

téressante de la société, deviendront les mission-
naires de notre œuvre. Ils voudront, comme
nous, attaquer le mal dans sa racine, et s'effor-
ceront de procurer aux travailleurs malheureux,
des ressources suffisantes pour atténuer l'effet
désastreux des accidents survenant pendant les
heures de travail. N'auront-ils pas d'ailleurs un
intérêt direct à agir ainsi?

Lorsque la fatalité frappe les ouvriers qui travaillent sous leurs ordres, les propriétaires, pour
qui s'exécutent les travaux, se font souvent, il
est vrai, un devoir de venir directement au secours des victimes; mais non cependant sans se
demander si les hommes, civilement ou morale-
ment responsables des travaux, ont pris toutes
les précautions imposées par la prudence, et il
n'est pas surprenant qu'ils en demandent compte
aux architectes et aux ingénieurs. Que chacun,
propriétaire, architecte ou ingénieur, mette donc
sa responsabilité à l'abri de toute atteinte, en in-
sérant dans les contrats ou cahiers de charges,
l'obligation d'une assurance en faveur des ouvriers; les entrepreneurs accepteront sans peine
cette innovation, dont ils apprécieront bientôt
eux-mêmes les avantages.

La société rend les assurances collectives faciles, en se prêtant avec une merveilleuse élasti-
cité à tous les besoins et à toutes les situations.
Ainsi le payement des primes peut avoir lieu, au
choix des contractants, par journée de travail.
par mois ou par année; les polices peuvent être
contractées pour un nombre déterminé ou pour
un nombre probable de personnes. Dans le pré-

mier cas, il n'y a aucune difficulté ; dans le dernier, la régularisation s'opère d'après les états de paye et le livre des ouvriers, car il est des industries dans lesquelles le nombre des ouvriers est excessivement variable ; dans ce dernier cas, le montant de la prime à payer par le chef d'industrie n'est déterminé qu'à la fin du mois, lorsque les risques ont déjà couru et quand le nombre des ouvriers employés est parfaitement connu.

Comme on le voit, les avantages et les facilités abondent dans la Compagnie d'assurances la Sécurité générale, et il n'est pas étonnant que tous les organes de la presse aient salué avec empressement son apparition.

Les faits ont une éloquence à laquelle pourraient difficilement prétendre les raisonnements, même les plus concluants. Peut-être donc n'est-il pas sans utilité de rappeler ici quelques-uns des accidents récents qui, dans diverses branches d'industrie, ont atteint plus au moins de malheureux ouvriers, et qui chaque jour, en se reproduisant, menacent de faire de nouvelles victimes.

ACCIDENTS DANS L'EXTRACTION DES MÉTAUX ET DES MATÉRIAUX PROPRES AUX CONSTRUCTIONS

Les mines, les carrières sont le théâtre d'affreux malheurs; faut-il s'en étonner? Les ouvriers mineurs et carriers travaillent dans les entrailles de la terre, sont aux prises avec des matières réfractaires, et se trouvent souvent en présence de l'inconnu. La science des ingénieurs, unie à la prudence des contre-maîtres, peut bien en atténuer le nombre, mais non les empêcher en totalité. Explosions de gaz, éboulements, chutes, bris et éclats de toutes sortes, explosions de mines prématurées, ou blessures causées par les instruments, se renouvellent sans cesse.

— Un accident a eu lieu dans la commune de Larroque, à la carrière de la côte de Sire, d'où on extrait de la pierre pour les travaux du pont d'Albi. Vers midi, le feu devait être mis à quelques mines, et les ouvriers de la carrière, sur le signal d'avertissement des mineurs, s'étaient retirés à bonne distance. L'explosion eut lieu, et presque aussitôt l'un des ouvriers s'affaissa sur le sol, au milieu de ses camarades, et ne donna plus signe de vie. Ceux-ci, qui n'avaient pas deviné la cause de sa chute, voulurent le relever, mais ils furent douloureusement surpris en ne trouvant qu'un cavadre. Une pierre de 600 à 700 grammes, projetée par la mine, était venue frapper leur malheureux compagnon à cinquante-deux mètres de distance du lieu de l'explosion : sa tête portait une profonde blessure qui avait déterminé instantanément la mort. La victime de ce triste événement laisse une femme et deux enfants.

— Dans le Maine-et-Loire, un éboulement a eu lieu aux mines de Saint-Georges.

Dix ouvriers ont été victimes de ce triste événement : cinq ont été tués, cinq autres blessés.

— Trois ouvriers carriers étaient occupés à travailler dans la carrière n° 109, située à Clamart, au lieu dit les *Marizets*; tous les trois montèrent sur la grande roue afin d'extraire de la pierre.

Lorsque le baquet que ces trois hommes faisaient remonter du fond de la carrière, se trouva à la hauteur voulue, l'un d'eux, dans le but de placer un madrier en travers sur le trou de la fosse pour recevoir ce baquet, descendit de la roue sans prendre la précaution de l'assujettir avec la chaîne d'arrêt.

Le poids des deux autres ouvriers n'étant plus suffisant pour maintenir l'équilibre, la charge de pierres les entraîna tout aussitôt en faisant tourner la roue avec rapidité dans le sens inverse. En voyant le danger que couraient ses deux camarades, le premier voulut les secourir en se cramponnant à la roue ; mais ses efforts demeurèrent inutiles, et les deux malheureux ouvriers furent lancés et précipités à droite et à gauche.

Dans cette chute, où tous les deux pouvaient

perdre la vie, l'un a été blessé à la tête, contusionné au côté gauche, et l'autre a eu une côte cassée au côté gauche, et il a été blessé également à la tête. Quant à celui qui était resté hors de la carrière, il a eu le pouce de la main droite cassé, et il a été atteint de blessures graves en s'efforçant de retenir la roue.

— Une explosion de grisou a eu lieu le 2 janvier dans les travaux de la fosse Sainte-Catherine des charbonnages des Chevalières et Midi, de Dour, réunis.

Des 117 ouvriers descendus le matin dans les travaux, quelques-uns parvinrent à se sauver par une galerie conduisant à un nouveau puits d'aérage, d'autres par les échelles; mais plus de la moitié de ces infortunés furent tués sur le coup. On évalue la perte approximative à 57 morts et 4 blessés, dont un grièvement. On craint d'être au-dessous de la vérité; tout espoir de retrouver des vivants semble être perdu. 11 cadavres ont été retirés dans la soirée du 3, et 20 dans la soirée du 4. Les dommages dans les travaux sont fort considérables.

—

ACCIDENTS ARRIVANT DANS LES TRAVAUX AGRICOLES.

Les poëtes ont chanté le bonheur de l'homme des champs. On trouve malheureusement bien des ombres à leurs tableaux. Les instruments et les outils dont se servent les agriculteurs, les animaux qu'ils emploient, les bêtes venimeuses qui les épient, les arbres qui les écrasent, les épines qui les blessent, compromettent singulièrement, il faut bien l'avouer, cette grande félicité.

— Le nommé Théophile Bridier, garçon chez M. B..., fleuriste à Maisons-Alfort, était monté sur sa voiture chargée de fumier, un cahot le fit glisser et il se brisa la colonne vertébrale en tombant.

— A Fititien (Isère), le nommé Claude Maguin, âgé de 65 ans, allait ramasser du bois dans une forêt voisine. Ne le voyant pas rentrer le soir, ses parents se mirent à sa recherche et trouvèrent gisant sous bois le cadavre du malheureux vieillard ; il tenait à la main son couteau ouvert, et près de lui se trouvait une vipère dont la tête était tranchée.

— Près de Saint-Georges (Maine-et-Loire), la veuve Gouin faisait paître sa vache ayant enroulé sa corde autour de son bras. La vache, piquée par les mouches, se mit à courir, et fit tomber la femme Gouin, dont la chute contribua à l'effrayer davantage. Lorsque la corde céda, il était trop tard , le corps de la malheureuse femme était sanglant et déchiré.

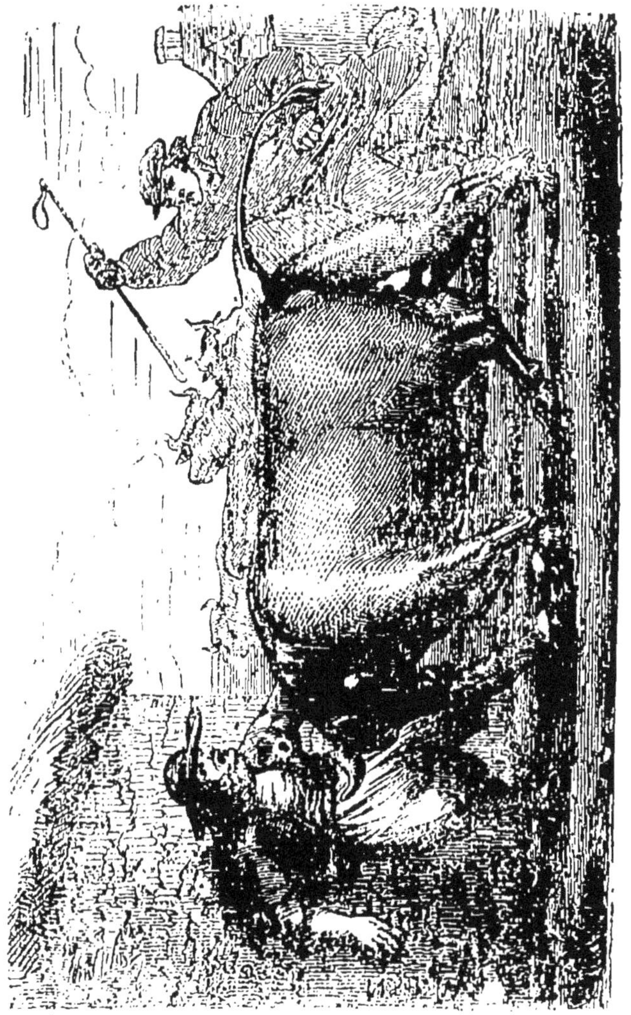

Accidents causés par les animaux dans les travaux agricoles.

ACCIDENTS ARRIVANT DANS LES USINES.

La transformation des matières premières en produits chimiques, comprend une grande quantité d'industries et emploie de nombreux ouvriers, qui sont exposés à une foule d'accidents, tels que : brûlures, coupures, membres brisés ou écrasés; les yeux sont souvent atteints d'une manière grave par la projection de parcelles incandescentes. Aux ouvriers de cette catégorie, nous dirons encore : recourez à l'assurance, car il n'est pas une fabrique, ou une usine, ou un atelier de quelques années d'existence, qui n'aient à inscrire sur leurs registres un certain nombre de sinistres.

— Un grand malheur est arrivé le 18 février dans une des fabriques de fer d'Eichweiler (Prusse).

La grande roue motrice s'est brisée et les débris en ont été lancés en l'air avec une telle force, qu'un fragment, pesant peut-être 8,000 livres, est allé retomber à une distance d'environ cent cinquante pas.

Deux ouvriers, dont l'un a été littéralement coupé en morceaux, sont restés morts sur la place. Plusieurs autres ont été plus ou moins grièvement blessés.

— Un grave accident est arrivé dans une des grandes usines de Chaillot. Un ouvrier tourneur s'est laissé prendre dans l'engrenage d'une machine, qui lui a cassé le bras gauche en deux endroits et lui a broyé les deux pieds.

— A Chauny, dans la fabrique de papier de MM. Dutrenne et Cᵉ, une chaudière a fait explosion et a blessé une quinzaine de personnes, au nombre desquelles s'en trouvaient plusieurs appelées à Chauny pour une expertise. Un constructeur du faubourg Saint-Maurice, M. Mouquet, est mort presque aussitôt des suites de ses blessures. Un autre constructeur de Lille a été grièvement blessé.

— Aux établissements des hauts-fourneaux du Nord, à Maubeuge-sous-le-Bois, la chaudière d'une locomobile, placée en dehors des usines et destinée au lavage des minerais de fer, a fait explosion au moment où tous les ouvriers se trouvaient à leur poste. Trois de ces ouvriers ont été tués sur le coup, onze autres ont été blessés, dont plusieurs, dit-on, fort grièvement. La cause de ce douloureux événement paraît tout à fait accidentelle.

—La fabrique de sucre établie à Tournus (Saône-et-Loire) a été le théâtre d'un déplorable accident, dont les suites ont été fort graves. Les appareils à vapeur paraissaient fonctionner dans les conditions les plus satisfaisantes, lorsqu'une violente détonation se fit entendre. Une des chaudières avait éclaté tout à coup. On comprend quelles craintes terribles s'emparèrent aussitôt de toute la population ouvrière occupée dans l'établissement. De tous côtés on accourut vers la chambre où l'explosion avait eu lieu: l'appartement était plongé dans une obscurité com-

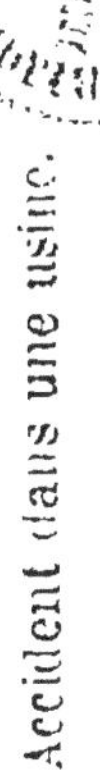

Accident dans une usine.

plète, la violence de la commotion ayant éteint les lumières ; de plus, la vapeur s'étant précipitée par la déchirure de la chaudière, la salle s'en trouvait remplie. Lorsqu'on put se rendre compte des effets de l'accident, on constata que deux ouvriers, atteints par des jets de vapeur, avaient été grièvement brûlés. Ils donnaient encore signe de vie, mais leur état inspirait les plus vives inquiétudes, et, en effet, tous deux succombaient après quelques heures d'horribles souffrances. Deux autres ont été atteints, mais ils en ont été quittes pour des blessures ne paraissant pas offrir un caractère dangereux.

— Le *Mémorial de la Loire* dit, dans son numéro du 5 juillet, qu'un accident très-grave est arrivé dans l'usine métallurgique de MM. Holtzer fils aîné et Cᵉ, à la Sauvanière, commune de Chambon.

Un machiniste a eu l'imprudence de mettre de l'eau froide dans une chaudière au moment où elle était entièrement rougie par la chaleur. Il en est résulté une explosion dont ce malheureux a été la première victime ; il a été tué sur le coup et laisse deux enfants.

Quatre ouvriers ont en outre été blessés, mais deux seulement avec quelque gravité. Ils ont été atteints et brûlés par la vapeur après l'explosion.

— Aux hauts-fourneaux d'Imphy (Nièvre), on venait de faire une coulée à l'aide de l'appareil Bessemer ; une deuxième coulée se préparait et tirait à sa fin, lorsque tout à coup une forte explosion se fit entendre et fut suivie de projections de l'acier en fusion par la bouche de l'appareil.

Un jeune ouvrier âgé de dix-huit ans, atteint directement par le jet enflammé, est tombé pour ne plus se relever ; deux autres ont reçu des blessures assez graves pour inspirer de sérieuses inquiétudes. Quant aux huit autres personnes atteintes, elles n'ont reçu que des brûlures sans gravité.

—Le nommé Boulanger, âgé de vingt-huit ans, ouvrier raffineur, employé chez M. C..., boulevard de la Gare, est tombé hier debout dans une chaudière remplie de sucre en ébullition. Ce malheureux a eu les deux jambes entièrement brûlées.

—Un ouvrier attaché à une fabrique de cartes à jouer, rue des Fossés - Saint - Victor, ayant eu la manche de sa chemise prise dans l'engrenage d'une machine à vapeur, les cylindres de cette machine lui ont complétement broyé le bras jusqu'à l'épaule.

— Un ouvrier maçon travaillait à la construction d'un mur voisin du mécanisme, alors en mouvement, d'un établissement industriel de la ruelle de Nanettes, quartier Saint-Ambroise ; s'étant trop approché de l'arbre de couche, ce malheureux a été saisi par ses vêtements, et quelque diligence que l'on ait mise, dès son premier cri, à arrêter la machine, on n'est parvenu à l'arracher à la mort qui le menaçait, qu'après plusieurs évolutions, durant lesquelles il a eu les deux jambes fracturées.

—Dans une usine de Niort, le foulonnier Victor

Guibert, âgé de vingt-trois ans, soldat au 69e de ligne et en congé de semestre à Niort, travaillait au moulin à foulon de MM. Clerc et Pellevoisin. Après avoir levé la vanne pour faire marcher le moulin, il passa entre la grande roue de fond et les foulons, sur un espace qui n'offre qu'une largeur de quarante centimètres. Son pied glissa et fut pris par les volants de la roue. On accourut à ses cris, mais lorsqu'on parvint à lui porter secours, le pied avait été arraché et les chairs de la jambe avaient été en partie enlevées.

Transporté à l'hôpital, on procéda à l'amputation, mais sa blessure était si grave que, malgré tous les soins empressés qui lui ont été prodigués, il a succombé après vingt-quatre heures d'horribles souffrances.

Le *Moniteur universel* du 2 octobre 1865 donne le tableau des accidents dus à l'emploi de la vapeur en 1864, et les causes de ces accidents.

Le nombre total des accidents a été de 16.

Le nombre des victimes tuées ou mortes des suites de leurs blessures a été de 40 et celui des blessés de 15.

La répartition des accidents par nature d'établissements s'établit comme suit :

Fabriques de sucre et raffineries, 4. — Papeteries, 3. — Distilleries, 2. — Drague, 2. — Chemins de fer, 1. — Filatures, 1. — Aciérie, 1. — Huilerie, 1. — Briqueterie, 1.

Par nature d'appareils, on trouve ; pour les chaudières :

Génératrices cylindriques avec bouilleurs. 8
Celles à foyer intérieur et tubulaires..... 3
Locomotives.......................... 1
Avec appareils calorifères............. 4

Les causes auxquelles ces accidents sont attribués sont :

Mauvaise qualité du métal et dispositions vicieuses des fourneaux.................. 8
Imprudence ou défaut de surveillance des chauffeurs ou des mécaniciens............ 7
Imprudence d'autres que les chauffeurs ou les mécaniciens.................... 1

Ce tableau était précédé d'une note que nous reproduisons, à cause de son importance.

« Au moment où le gouvernement vient d'af-
» franchir l'industrie des appareils à vapeur, des
» formalités préventives auxquelles elle avait été
» assujettie jusqu'à ce jour, et où l'application
» des mesures de sûreté réglementaire est en
» quelque sorte remise à la responsabilité seule
» de ces industriels, il a paru qu'il serait utile
» de faire connaître au public, à des intervalles
» plus ou moins rapprochés, les accidents dus
» à l'emploi de la vapeur et les causes de ces
» accidents.

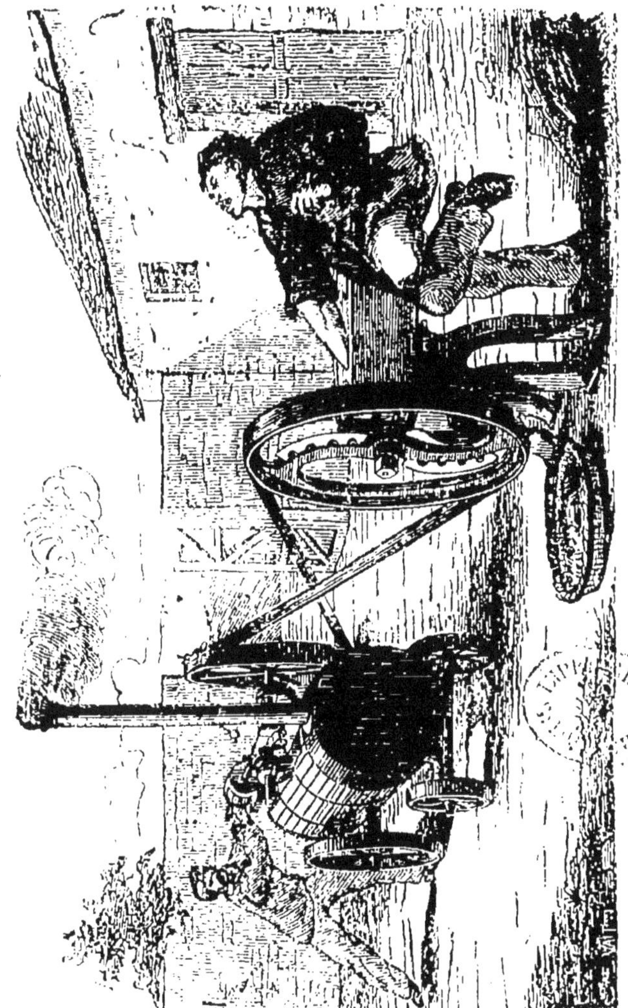

Accident par machine agricole.

» Ces publications serviront d'exemple aux
» industriels pour éviter des accidents analogues,
» et par là même elles leur rendront un véri-
» table service. »

ACCIDENTS ARRIVANT DANS LA MANIPULATION DES PRODUITS CHIMIQUES.

La manipulation des produits chimiques offre des dangers que chacun connaît, et il n'est pas de jour que les journaux n'apportent les récits de nouveaux sinistres arrivés dans les usines, les laboratoires ou chez les marchands de ces produits.

— Dans la nuit, une forte détonation se faisait entendre et mettait en émoi tout le quartier des Chartreux, à Marseille. Une chaudière de la fabrique d'huile de M. Deiss sautait et communiquait le feu à la fabrique. En un instant tout était en flammes, les toitures s'écroulaient, les murs menaçaient de tomber, les poutres s'embrasaient, en un mot la fabrique présentait l'aspect d'une vaste fournaise. Les sapeurs-pompiers, prévenus immédiatement, se rendirent en toute hâte sur les lieux ; malgré les plus grands dangers, ils n'hésitèrent pas à commencer l'attaque du feu, devenue très difficile par le manque d'eau. Enfin, après bien des efforts et de nombreuses preuves de dévouement, on a pu se rendre maître du feu vers trois heures et demie du matin.

Au moment où l'explosion eut lieu, le nommé Saldini (Salvator), âgé de vingt-trois ans, est tombé dans la chaudière bouillante; deux autres ouvriers, plus heureux, étaient précipités au dehors. Ces derniers en ont été quittes pour quelques blessures sans gravité, mais le malheureux Saldini y a trouvé la mort.

—La rupture d'un appareil contenant de l'alcool en ébullition a occasionné un commencement d'incendie dans le laboratoire d'un distillateur de la place du marché Beauvau.

Les personnes qui se trouvaient dans la maison sont parvenues à arrêter le développement de ce sinistre; mais, malheureusement, l'un des garçons de service a été grièvement blessé au visage et aux deux bras.

— Un feu de cave qui s'est déclaré boulevard des Buttes-Chaumont, n° 70, a causé de graves accidents. Cette cave, qui appartient au sieur Burgovin, épicier, marchand de couleurs, renfermait des barriques d'eau-de-vie et d'esprit-de-vin, et des touries d'essence de térébenthine, d'huile de pétrole. Au moment où l'on tirait de l'essence de térébenthine, en s'éclairant avec une lumière découverte, une tourie de benzine voisine s'est renversée; la flamme a touché le liquide et déterminé une explosion. Les pompiers de la caserne de La Villette accoururent, et au moyen de deux pompes, dont l'une ventilatrice, et de fumier mouillé, le feu paraissait complétement éteint une heure après, et l'on devait croire que tout danger avait disparu.

Alors des sapeurs-pompiers, dirigés par le capitaine Clément, n'hésitèrent pas à descendre dans la cave pour en faire l'inspection et faire retirer les matières inflammables qu'elle contenait encore. A peine avaient-ils fait quelques pas, qu'un jet de flammes se dégagea du fumier qu'ils remuaient en marchant et atteignit une tourie d'essence : une formidable explosion se fit entendre, et tous furent plus ou moins grièvement blessés; le caporal Grasser a reçu de dangereuses brûlures au visage, aux mains et sur presque toutes les parties du corps; les sergents Grand-Clément et Couturier ont été fortement brûlés au visage et aux bras, ainsi que l'adjudant Bruant; le sergent-major Berrois a été grièvement blessé au visage; enfin, le capitaine Clément a été également blessé au visage et a reçu de graves brûlures aux mains. Les premiers soins leur furent donnés à tous sur-le-champ, après quoi les blessés Grand-Clément, Couturier et Grasser, qui ont été le plus dangereusement atteints, ont été transportés à l'hôpital Saint-Martin.

ACCIDENTS ARRIVANT DANS LES CHANTIERS.

Ces accidents, dus souvent à des causes étrangères, comprennent principalement des éboulements, des chutes ou des écrasements, entraînant les plus déplorables conséquences.

—Un déplorable accident a eu lieu dans le parc de Bercy, où s'exécutent des travaux de terrassement pour la construction des magasins généraux. MM. Adrien M..., commis représentant l'administration de l'entreprise, et Louis R..., surveillant des travaux, examinaient une tranchée sur le bord de laquelle ils se trouvaient, quand est venu à passer sur le chemin de fer un convoi de quinze wagons chargés de pierres et de matériaux divers. La trépidation du sol causée par ce convoi a fait détacher des parties de la terre sur laquelle ils étaient placés, et ils ont été précipités dans la tranchée à une profondeur de près de trois mètres. Dans cette tranchée travaillait en ce moment un ouvrier terrassier nommé Pierre Sordel, âgé de trente-sept ans, originaire de la Côte-d'Or. Il a été enseveli sous les décombres. Les autres ouvriers ont aussitôt procédé avec ardeur au déblaiement. On a retiré d'abord les sieurs M... et R..., qui n'étaient que fortement contusionnés. Quant à Sordel, qui paraissait grièvement blessé, on l'a placé sur un brancard, et ses camarades l'ont conduit à l'hôpital Saint-Antoine, le plus voisin du lieu de l'accident. Arrivés dans cet établissement, ils ont reconnu que le blessé avait cessé de vivre.

— Plusieurs ouvriers scieurs de long, employés dans le chantier de M. Gosselin, marchand de bois à Courbevoie, et parmi lesquels se trouvait le nommé Pierre-Désiré Myrza, âgé de soixante-quatre ans, étaient occupés à transporter sur leurs épaules une longue et lourde pièce de bois. Ils arrivaient à leur destination quand Myrza fit un faux pas et tomba. Par suite de cette chute, l'énorme poutre, pesant sur lui de tout son poids, lui brisa la colonne vertébrale. Le malheureux ouvrier ne tarda pas à expirer.

— Un affreux accident est arrivé dans une tranchée ouverte sur les chantiers du chemin de fer de Soissons à Laon, à quatre cents mètres environ de Margival. Pendant que les ouvriers chargeaient deux wagons, un bloc énorme de sable et de moellons s'est détaché du sommet de la tranchée et a écrasé, dans sa chute, un ouvrier-maître, le charretier et ses deux chevaux. En outre, cinq ouvriers ont été atteints, deux grièvement ; l'un a eu la jambe cassée, l'autre une cuisse ; les trois autres sont légèrement blessés.

— Quatre ouvriers étaient occupés à extraire de la pierre sur le chemin de fer de Tours au Mans, près de Mayet, lorsqu'un éboulement a enseveli trois d'entre eux. Des secours de sauvetage ont été aussitôt organisés par un grand nombre de personnes accourues sur les lieux. L'un d'eux a été immédiatement retiré, et ses blessures sont sans gravité; mais ce n'est qu'après une demi-heure de travail qu'on a pu découvrir les corps des des deux autres, qui avaient cessé de vivre.

Ils laissent tous deux une femme avec des enfants en bas âge.

ACCIDENTS ARRIVANT DANS DES CHANTIERS DE CONSTRUCTION.

Voici certainement la plus nombreuse famille de travailleurs et celle dont les membres sont le plus exposés à des accidents toujours fort graves et de toutes natures. Il semble que ce soit pour eux surtout que la SÉCURITÉ GÉNÉRALE a été créée. Chaque jour on voit le funèbre brancard, escorté de camarades affligés, porter à l'hospice un maçon ou tout autre membre de cette grande famille, mourant ou grièvement blessé. Nous ne rapporterons pas les nombreux accidents que nous avons sous les yeux et qui leur sont arrivés. Nous nous bornerons à en signaler quelques-uns, provenant de chutes de lieux élevés, d'éboulements, d'écrasements ou d'écroulement d'échafaudages.

— A Lunéville, le chef de chantier de M. Eplée, entrepreneur des bâtiments militaires, le sieur R***, maçon et père de cinq enfants, est tombé du haut de la caserne des Carmes.

Accident de construction.

— Des ouvriers étaient occupés à travailler dans un égout, rue Violet, à Grenelle. L'un d'eux, qui se trouvait isolé à quelque distance de ses camarades, a été surpris par un éboulement subit et est resté enseveli sous les décombres. Les autres ouvriers, aidés d'un détachement de sapeurs-pompiers, se sont mis à l'œuvre, mais lorsque l'on est parvenu à découvrir ce malheureux, ce n'était déjà plus qu'un cadavre.

— La ville de Dieppe a été mise en émoi, par un triste accident. Des ouvriers, employés à la construction d'une maison appartenant à M. Pourpoint et située route de Lille, enlevaient les échafaudages de la voûte de la cave. Celle-ci s'affaissa tout à coup en entraînant une partie du mur et des solives. Deux hommes ont été tués et ensevelis sous les décombres. On n'a pu retirer les cadavres qu'avec de grandes difficultés.

— Un jeune ouvrier menuisier, occupé à poser une jalousie à un troisième étage d'une maison, boulevard Sébastopol, s'étant trop penché, est tombé dans la rue, et a reçu dans sa chute des blessures très graves.

Au sujet de cet accident, le public remarquait, avec un vif sentiment d'effroi, l'imprudence d'un ouvrier employé à réparer des persiennes, rue du Faubourg-Montmartre, en face du passage Verdeau. Il était monté à la hauteur d'un troisième, sur une échelle placée horizontalement et soutenue à peine par deux faibles cordes, qu'à tout instant il était obligé de raffermir. La foule rassemblée se plaignait avec juste raison que l'autorité ne s'opposât pas à de telles imprudences, qui exposent non-seulement la vie de ceux qui les commettent, mais encore celle des passants.

— Dans l'un des chantiers de construction de la maison d'arrêt et de détention qui s'élève dans l'enclos de la Santé, un ouvrier charpentier s'est coupé accidentellement, avec sa hache, trois doigts du pied gauche. Ses camarades l'ont transporté immédiatement à l'hôpital Cochin, situé à peu de distance de l'endroit où cet accident venait d'arriver.

— Les compagnons charpentiers ont l'habitude de placer leur compas dans la poche de côté de leur pantalon ; c'est une arme pour leur défense et un outil pour leur travail. Un jeune charpentier, pressé par l'heure, tomba si malheureusement sur le trottoir de la rue Lafayette, que le compas qu'il portait ainsi s'est ouvert dans sa chute et lui a traversé la cuisse de part en part.

— Un apprenti zingueur, âgé de quinze ans, Denis Klenne, travaillait au sixième étage d'une maison en construction rue de la Chopinette, 32, lorsqu'il perdit tout à coup l'équilibre et tomba de cette hauteur sur le sol. La mort a été instantanée.

— MM. Loubat et Cⁱᵉ faisaient établir un gazomètre nouveau dans l'usine à gaz de Blois. Les travaux, dirigés par l'entrepreneur en personne, étaient en cours d'exécution, lorsqu'un bruit semblable à une détonation d'artillerie s'est fait entendre ; l'échafaudage servant à la construction de la cloche du gazomètre s'était tout à coup affaissé par suite d'une fausse manœuvre, peut-être d'une imprudence, entraînant dans sa chute et précipitant brusquement au fond de la cuve, qui a une profondeur de 7 mètres 30 centimètres, l'entrepreneur, son contre-maître et huit ouvriers occupés après lui.

M. d'Argy, chef de gare, son personnel, suivis bientôt des fonctionnaires de l'ordre administratif et judiciaire, etc., accourus au bruit, ont immédiatement commencé les travaux de sauvetage, qui ont été conduits avec autant d'intelligence que de rapidité.

Ce déplorable accident a eu des suites bien funestes. Un malheureux ouvrier a été tué, trois autres grièvement blessés ; l'entrepreneur et les ouvriers restant n'ont eu que des contusions.

—Un éboulement s'est manifesté dans un tunnel que l'on exécute sur la ligne du chemin de fer de ceinture ; entre la rue de la Voie-Verte et celle de la Tombe-Issoire. Le nommé François Potier, âgé de trente-deux ans, ouvrier terrassier, qui travaillait en cet endroit, a été enseveli sous une masse de terre considérable. Un de ses camarades a voulu lui porter secours ; ses efforts ont déterminé un second éboulement qui l'a renversé. Heureusement, on a pu le dégager, et il en a été quitte pour des blessures à la tête, lesquelles, quoique graves, ne mettent pas ses jours en danger.

Quant au malheureux Potier, on a retiré son cadavre horriblement mutilé.

Nous devons nous arrêter dans l'énumération lugubre de ces accidents. Le cœur déborde de tristesse à la pensée de toutes ces misères, et cependant nous n'avons point parlé ni des ouvriers qui travaillent à l'alimentation publique, ni de ceux qui fabriquent les objets de luxe, les bois, les ameublements, les industries textiles, l'habillement, les arts mécaniques, les transports par terre et par eau, et d'autres nombreuses industries.

Que les exemples que nous venons de citer ne soient pas perdus, et qu'au-dessus des dangers de toutes sortes qui menacent une profession, plane au moins la prévoyance qui en atténuera et adoucira les malheurs.

TROISIÈME PARTIE

—

ACCIDENTS CAUSÉS PAR LES CHEMINS DE FER

Il y a lieu de s'étonner de ce que, jusqu'ici, la France ne possède pas de Sociétés d'assurance contre les accidents provenant de l'usage des chemins de fer, soit pour les voyageurs, soit pour les agents de l'exploitation. Des ouvertures paraissent avoir été faites à différentes Compagnies, qui les ont repoussées sous de spécieux prétextes et contre leur intérêt bien entendu. En effet, les voyageurs et les employés emportent avec eux, au moyen d'une faible rétribution, une certaine tranquillité d'esprit qui a toujours une grande valeur dans toutes les circonstances de la vie ; ils savent qu'au moyen d'une prime légère, l'argent nécessaire pour la guérison de leurs blessures ne leur fera pas défaut ; qu'ils peuvent être garantis contre les suites fâcheuses d'un chômage résultant d'une incapacité temporaire de travail par le fait d'un accident ; qu'en cas de malheur, ils ne laisseront pas dans la misère leurs femmes, leurs enfants et les autres membres de la famille dont ils sont les soutiens.

L'Amérique, l'Angleterre et l'Allemagne nous ont précédé dans cette voie philanthropique ; la question est maintenant élucidée, elle a acquis un degré de maturité suffisant pour que ces sortes d'assurances, qui ont un véritable caractère d'utilité publique, soient enfin appréciées chez nous.

L'Angleterre possède trois Compagnies d'assurances contre les accidents de toute nature, et spécialement contre ceux causés par l'usage des chemins de fer. La plus importante, le *Railway Passengers assurance Company*, autorisée en 1849 par acte du Parlement, possède un fonds social considérable ; elle entreprend l'assurance des voyageurs et des agents des lignes ferrées dans tout le Royaume-Uni ; elle garantit, moyennant une prime annuelle qui varie selon la classe de risques, le payement d'une somme fixe et déterminée au contrat, en faveur des héritiers d'une personne tuée, ou, en cas d'événement n'entraînant pas une issue fatale, une indemnité proportionnée à la gravité de la blessure et au chiffre pour lequel l'assurance a été contractée.

Les administrations de chemins de fer contribuent à la prospérité de cette Compagnie par une cotisation annuelle ; quelques-unes, même, ont des traités pour l'assurance annuelle de leurs employés. Enfin la distribution des billets d'assurances est autorisée dans beaucoup de stations.

Bien que les lois anglaises rendent, de même qu'en France, les Compagnies de chemins de fer et leurs agents, responsables des événements, il arrive très fréquemment des malheurs qui ne sont pas précisément le fait d'un employé, et dont la cause ne peut pas être constatée d'une façon claire et nette. Dans cette circonstance, la Compagnie d'assurance supplée à l'inefficacité ou à l'insuffisance motivée des lois.

En Allemagne, c'est à Erfurth que la première Société d'assurance s'est formée, en 1853, sous le nom de *la Thuringia,* au capital de 7,000,000 de francs. Cette Société, qui jouit d'une confiance méritée, étend ses opérations sur le nord de l'Allemagne et une partie de la Bavière.

En 1854, une autre Société s'est formée à Berlin sur des bases encore plus larges : elle a entrepris l'assurance de tous les accidents arrivant aux voyageurs, aux meubles, aux matériels d'exploitation, aux marchandises et même aux immeubles des chemins de fer.

En 1856, la Compagnie Francfortoise d'assurances *la Providentia* a traité les mêmes opérations et a essayé de les étendre en France, en établissant une succursale à Paris et dans plusieurs grands centres industriels.

La France pouvait-elle rester plus longtemps dans une semblable position d'infériorité à l'égard de ses voisins? Nous ne l'avons point pensé, et de cette conviction est née la Sécurité générale.

Espérons que notre œuvre sera appréciée comme elle mérite de l'être.

Maintenant abordons la question des accidents de chemins de fer.

Bien que notre bonne foi nous oblige à reconnaître que les accidents arrivant aujourd'hui sur les chemins de fer sont relativement moins fréquents qu'ils ne l'étaient par les autres modes de transport, il faut reconnaître aussi que, malgré les efforts des Compagnies, ces accidents se sont multipliés dans de telles proportions, qu'on doit croire la science impuissante à les prévenir.

En 1858, S. Exc. le ministre des travaux publics s'en émut, et ordonna une enquête, dont le résultat a eu pour effet de constater que ces accidents sont généralement dus à la négligence des employés, à l'imprudence des voyageurs, ou à un concours de circonstances fatales, naturelles, et inhérentes à ce mode de transport.

On se rappelle que, l'année dernière, la circulaire suivante était adressée à tous les directeurs de chemins de fer anglais de la part de la reine :

« Sir Charles Phillipps a reçu de Sa Majesté
» l'ordre d'appeler l'attention des directeurs
» de... sur le nombre toujours augmentant des
» accidents qui ont eu lieu récemment sur diffé-
» rentes lignes de chemins de fer, et d'exprimer
» le profond espoir de Sa Majesté que les di-
» recteurs de... emploieront soigneusement tous
» les moyens d'éviter ces accidents, qui ne sont
» pas les accompagnements obligés des voya-
» geurs en chemin de fer. Ce n'est pas pour sa

» sécurité personnelle que la reine appelle l'at-
» tention des directeurs sur les récents acci-
» dents : Sa Majesté reconnaît que, lorsqu'elle
» voyage, on prend des précautions extraordi-
» naires; mais c'est pour sa famille, pour ceux
» qui voyagent à son service, pour son peuple
» en général, que la reine exprime l'espoir que
» l'on peut garantir la même sécurité dont elle
» jouit elle-même. La reine espère qu'il est inu-
» tile de rappeler aux directeurs de chemins
» de fer, quelle lourde responsabilité pèse sur
» eux, depuis qu'ils ont réussi à réunir entre
» leurs mains le monopole des moyens de tran-
» sit de presque toute la population du royaume.»

La haute sollicitude des gouvernements de
France et d'Angleterre n'était que trop justifiée
par le nombre et la gravité des accidents arrivés
dans ces deux pays ; nous ne saurions les enre-
gistrer tous.

PREMIÈRE CATÉGORIE

Accidents dus à l'exploitation.

DÉRAILLEMENTS

Les déraillements tiennent à des causes nombreuses dont l'énumération n'aurait aucun intérêt pour le lecteur ; nous nous contenterons de mettre sous leurs yeux le récit de quelques exemples empruntés à des publications récentes.

Nous ne parlerons pas de la catastrophe du 8 mai 1842, cet exemple est trop connu et trop exceptionnel ; elle a eu en partie pour cause des dispositions aujourd'hui abolies, telles que l'emploi de deux locomotives à quatre roues et la fermeture des wagons.

Une des pertes les plus cruelles et les plus regrettables fut celle du contre-amiral Dumont-d'Urville, qui avait commandé deux expéditions de circumnavigation, affronté de nombreux dangers, et qui devait venir mourir dans un misérable trajet de quelques kilomètres.

— On lit dans le *Mémorial de la Loire* :

« A un kilomètre environ de la gare de Saint-Just, la machine a déraillé au poteau kilométrique portant le n° 490. Il était sept heures vingt-huit minutes. Le train a traîné environ 77 mètres hors de la voie. La locomotive a versé violemment sur le talus, entraînant après elle le tender, deux fourgons de bagages, une voiture de premières, le wagon-poste, une voiture mixte et une voiture de secondes.

» Il s'est produit un amoncellement épouvantable, indescriptible : deux wagons ont été hachés, la locomotive s'est brisée en morceaux et est entrée profondément dans le sol, tordant dans sa chute d'énormes tiges de fer.

» Sous les décombres de bois, de fer et de charbons entassés, gisait le malheureux mécanicien, dont on n'apercevait que la main crispée, tenant encore, dans une étreinte suprême, le frein régulateur.

» Le train contenait environ une cinquantaine de personnes. Une dame de Saint-Etienne a été grièvement blessée à la jambe.

» Le chef du train a eu une jambe fracturée. Le conducteur bagagiste était aussi parmi les blessés.

» Plusieurs autres voyageurs ont été plus ou moins contusionnés ; ils ont tous été dirigés sur Saint-Etienne.

» On ignore la cause déterminante de l'accident. Le train, qui avait quelques minutes de retard à Roanne, marchait à toute vitesse, et au lieu où le déraillement a eu lieu, il y a une courbe très prononcée et une pente assez forte. On a remarqué qu'à l'endroit où les roues de la locomotive ont quitté les rails les coussinets étaient cassés. »

— L'administration du chemin de fer du Nord a communiqué la note suivante aux journaux :

« Le train express n° 5, parti de Paris pour Calais, à sept heures 20 minutes du matin, a rencontré, à l'entrée de la gare d'Arras, un train de marchandises qui, par suite d'une fausse manœuvre d'aiguille, s'était engagé sur la voie d'arrivée. Deux voyageurs ont été blessés ; l'un a pu continuer sa route vers Calais, et l'autre est revenu à Paris immédiatement.

» Trois employés du bureau ambulant de la Poste ont été blessés. Un conducteur de train express a été tué, et le mécanicien de ce train a été blessé en sautant de sa machine. »

—Le jeudi 27 juillet, le train parti de Versailles (rive droite) à midi, et devant arriver à Paris à midi 47 minutes, a rencontré, aux abords de la gare des Batignolles, une aiguille mal faite qui a dirigé une partie du train sur une fausse voie, et a donné lieu au déraillement de quatre voitures.

Le mécanicien, qui, suivant la règle prescrite, avait ralenti la marche à l'approche de cette aiguille, a ainsi diminué la gravité de l'accident. Cependant, deux militaires de la garde, qui ont cru échapper au danger en sautant des impériales sur la voie, ont eu les jambes fracturées dans leur chute. Ils ont été immédiatement transportés à l'hospice. Deux autres militaires qui étaient avec eux sur l'impériale, et qui n'ont pas quitté leur place, n'ont reçu que de légères contusions. Aucun autre voyageur n'a été atteint.

De l'enquête établie par les soins du ministère des travaux publics, il résulte que sur **274** déraillements :

Il y a eu 83 morts. . { Voyageurs, 66 / Agents, 17

— 93 blessés. { Voyageurs, 44 / Agents, 49

———

CHOCS ET COLLISIONS

De même que pour les déraillements, les chocs et collisions tiennent à des causes très nombreuses. Nous nous bornerons, comme dans le cas précédent, à rapporter quelques exemples, sans vouloir rechercher les causes auxquelles ils peuvent être attribués.

—Un accident, dont la rumeur publique a exagéré la gravité, a eu lieu dans la gare d'Amiens.

Le train 36, venant du Nord, en arrivant à six heures dix minutes, s'est heurté contre un train de marchandises qui, on ne sait encore pourquoi, était resté sur la voie. Quelques voyageurs ont été plus ou moins contusionnés. L'un d'eux a eu l'arcade sourcilière coupée et a reçu une assez forte commotion.

Un autre, un militaire, dit-on, a aussi été blessé, et a dû être transporté à l'Hôtel-Dieu.

Le conducteur du train a également reçu de fortes contusions, mais il a pu reprendre son service et le continuer sur Paris.

— Sur les chemins de fer de l'Ouest, un train de marchandises, partant de la gare d'Alençon, s'arrêta à Vivoin et fut garé sur la voie parallèle à la voie d'exploitation, pour attendre le passage du train de voyageurs n° 9, qui arrive à Alençon à 5 heures 20 du soir. L'aiguille qui donne accès sur la voie du quai, n'ayant pas été faite, le train de voyageurs, qui, en s'engageant sur les aiguilles, marchait sans vapeur et par la seule force de la vitesse acquise, vint, malgré que les freins eussent été serrés immédiatement par le mécanicien et le conducteur, heurter violemment le train de marchandises. Le choc qui en est résulté n'a occasionné heureusement aux voyageurs ni blessures mortelles ni fractures. Douze ou quinze d'entre eux ont été assez grièvement blessés. Le mécanicien, le chauffeur et le chef de train n'ont reçu que de légères contusions, et ont continué leur service.

— On lit dans la *Gazette du Midi*, du 2 mars
1864 :

« Le 29 février, vers dix heures du soir, des essieux sont tombés d'un wagon de train de marchandises, entre Berre et Rognac, sur la ligne de
la Méditerranée.

» Le train-omnibus de voyageurs, parti de Marseille à onze heures du soir, a rencontré ces
essieux et a déraillé. Le mécanicien a eu la
jambe cassée ; un voyageur a reçu des contusions graves.

» Les voyageurs ont été recueillis par le train
express que l'on a pu faire passer sur la voie
libre, vers quatre heures du matin. »

— Voici les détails que nous trouvons dans la
Gazette du Midi sur la catastrophe de Rognac,
arrivée le 6 juillet 1865 :

« L'express ayant, à ce qu'il paraît, forcé sa
vapeur pour franchir le mauvais pas avant de
rencontrer le train descendant, a justement
heurté ce train sur l'endroit en réparation, avant
le point où se trouve la maison de campagne
appartenant autrefois au colonel Lejean, et aujourd'hui à M. Villevieille, d'Aix. Le pli de terrain empêchait que le train express pût apercevoir l'omnibus qui, de plus, suivait une pente
très-rapide. Il en est résulté un choc épouvantable, dans lequel les deux locomotives sont, en
quelque sorte, entrées l'une dans l'autre, com-
muniquant aux deux trains une horrible com-

motion. Plusieurs wagons ont été brisés, aplatis ou se sont trouvés superposés les uns aux autres par l'effet de la secousse. Le mécanicien du train express et un contrôleur nommé Croze, âgé de trente-sept ans, ont été tués sur le coup ; on parle aussi de la mort d'un courrier de famille, Suisse de nation, et d'un autre voyageur. Les blessés sont au nombre de plus de cinquante, dont la moitié au moins assez grièvement pour qu'on ne puisse répondre encore de la vie de quelques-uns. Plusieurs ont été recueillis en dehors de la voie dans les champs, où ils avaient été lancés par la force du choc. Parmi les personnes contusionnées, on cite M. Thourel, avocat et conseiller municipal de Marseille ; M. l'abbé Fourquier, curé de Saint-Charles *intrà muros*, etc. ; un jeune homme d'Aix a eu les deux jambes brisées ; un vice-consul anglais, jeune homme de vingt-six ans, a été blessé assez grièvement pour que les secours religieux aient dû lui être administrés. Deux religieuses ont été recueillies sur un entassement de wagons en morceaux, au sommet duquel elles s'étaient trouvées portées on ne sait comment. Une jeune fille, qui était disparue et que l'on croyait écrasée, a été retrouvée par sa mère après une scène déchirante. »

— La compagnie des chemins de fer de Paris à Lyon et à la Méditerranée a envoyé aux journaux la note suivante :

« Plusieurs journaux ont publié sur la déplorable rencontre survenue, le 6 juillet courant, entre Rognac et Berre, des détails inexacts. Le malheur n'est que trop grand, et ce doit être une raison de plus pour éviter toute exagération.

»Les morts sont au nombre de trois, parmi lesquels un voyageur, M. Viennot, courrier de famille ; les deux autres victimes sont deux agents de la Compagnie, un mécanicien et un contrôleur de route.

» On a parlé de voyageurs ayant les cuisses coupées, d'une jeune femme enceinte et qui aurait expiré en mettant son enfant au monde, etc.

» Voici la vérité, d'après les derniers renseignements : Une jeune femme enceinte a eu une jambe fracturée ; trois autres voyageurs et deux agents de la Compagnie ont également éprouvé des fractures ; cinq ou six autres blessures paraissent graves, mais aucune amputation n'a été nécessaire, et, à moins de complications imprévues, la vie d'aucun des blessés n'est en danger. Un assez grand nombre de personnes, parmi lesquelles plusieurs agents de la Compagnie, ont reçu des contusions ou des blessures légères ; la plupart d'entre elles ont poursuivi leur route.

» Il est à peine nécessaire d'ajouter que pas un moment n'a été perdu pour organiser les secours. La cause de l'accident est bien celle qui a été signalée par la première note de la Compagnie : un oubli, jusqu'ici inexplicable, du règlement sur le pilotage. »

— Nous ne relaterons pas les accidents de la Fouillouse, du chemin de fer de Toulouse à Albi et d'autres événements survenus sur d'autres lignes, entre des trains de ballast, de marchandises, ou de trains vides dans lesquels ont succombé des employés de la Compagnie.

Comme dans le cas précédemment cité, nous constaterons, d'après l'enquête du ministère des travaux publics, que sur 230 chocs ou collisions :

Il y a eu 39 morts. { Voyageurs, 16 / Agents, 23

Et 372 blessés. . . { Voyageurs, 274 / Agents, 98

RUPTURES OU DÉRANGEMENTS DES PIÈCES PRINCIPALES DES MACHINES OU WAGONS.

—Le train-poste parti de Paris pour Bordeaux samedi soir a déraillé dimanche matin à 4 heures, près la station de Vars, par suite de la rupture d'un essieu de voiture.

Deux voyageurs sont blessés : Mme Jubinal, qui a été atteinte à la figure par des éclats de vitre ; et M. Duhalt, qui a eu la jambe gauche fracturée ; l'amputation a été jugée nécessaire.

Les blessés et leurs familles se sont arrêtés à Angoulême. Tous les autres voyageurs ont continué leur route avec un retard de trois heures.

La *Gazette des Étrangers* publie la lettre suivante de M. Jubinal, au sujet de l'accident du chemin de fer de Vars :

« Angoulême, vendredi.

» Mon cher confrère et ami,

» On m'a envoyé ici, où je suis forcé de séjourner par suite du triste accident de chemins de fer dont vous avez parlé, le numéro de la *Gazette des Étrangers*, où vous racontez notre déraillement.

» Permettez-moi de vous remercier tout d'abord de vos paroles sympathiques et amicales. J'en faisais moi-même entendre de pareilles lorsque le sort des armes mettait votre vie en péril. Permettez-moi ensuite de compléter votre récit.

» Rien, comme vous le dites, ne met en effet en danger les jours de Mme Jubinal ; mais ce ne sont pas seulement des contusions ni des égratignures qu'elle a reçues, ce sont dix belles et bonnes blessures qui lui ont haché, pour ainsi dire, le visage. L'une lui a presque enlevé l'œil ; — l'autre lui a ouvert le front jusqu'au crâne, sur six centimètres de longueur ; — la troisième lui a presque arraché la joue gauche. Elle ne tenait plus que par un fil, et pendant deux heures et demie, en attendant des secours qui n'arrivaient pas, ma femme *a soutenu sa joue, assise sur le bord de la route.*

» Durant ce temps, plusieurs voyageurs essayaient de remettre à un jeune Basque sa jambe droite, qui était luxée et *retournée*. Quant à la gauche, elle était broyée ; les os y sonnaient comme des noix dans un sac ; il fallut la lui couper en arrivant à Angoulême.

» Je ne récrimine, mon cher collègue, contre qui que ce soit ; mais les Compagnies ne pourraient-elles pas avoir dans chaque convoi, surtout dans les convois à longs parcours, une boîte de secours contenant quelques remèdes élémentaires, tels que de l'arnica, du taffetas d'Angleterre, etc. ? La chose ne les ruinerait pas, et elle pourrait être utile et épargner quelques souffrances. Dites donc cela dans votre journal.

» Agréez, mon cher confrère, mes remercîments et l'expression de mes sentiments les plus distingués.

» ACHILLE JUBINAL,

» Député au Corps Législatif. »

— On lit dans le *Journal de Charleroy :* Un accident, dont les suites ont été on ne peut plus déplorables, a eu lieu ce matin vers huit heures un quart, au bord de la station de Deschessis, près la fosse n° 7 du Mambourg.

Après avoir manœuvré pendant quelque temps dans la gare, le train de marchandises venant de la station de la Coupe s'était remis en marche vers Lodelinsart, lorsque, arrivé à une cinquantaine de mètres, une formidable explosion se fit entendre. C'était la chaudière de la locomotive qui venait de sauter.

La locomotive, violemment séparée du tender, continua sa marche l'espace de quelques centaines de mètres ; mais le mécanicien et le chauffeur n'y étaient plus ! On trouva leurs cadavres horriblement mutilés, des deux côtés de la voie. Pierre Neyssens, le machiniste, avait été lancé à une distance de 15 à 20 mètres ; sa jambe gauche, littéralement coupée, était restée attachée aux engrenages du tender ; le reste du corps était presque méconnaissable.

Quant au chauffeur Morren, il avait été jeté dans une direction opposée, à la gauche du train, à quelques mètres seulement ; mais il n'était pas moins horriblement broyé que son compagnon ; la poitrine était complétement écrasée, et l'un de ses pieds ne tenait plus à la jambe que par quelques filaments.

Pierre Neyssens était marié depuis quelque temps seulement ; Morren laisse une veuve et cinq enfants.

— A Manchester, une machine trop fortement chauffée a fait explosion ; le toit de la gare a été enlevé. Quatre ouvriers ont été tués sur le coup, un plus grand nombre fut grièvement blessé.

—A Wurtemberg, une chaudière dont les tirants avaient cédé, a fait explosion.

— A Francfort, une machine prête à partir a fait explosion par suite de la rupture d'un tirant, et a causé de grands ravages matériels et de regrettables accidents aux personnes.

—Un affreux malheur est arrivé à Vesoul (Haute-Saône) dans la gare du chemin de fer. Une machine à vapeur a éclaté, et deux employés du chemin de fer, l'un chauffeur, l'autre mécanicien, ont été victimes de cet accident.

Le mécanicien fut jeté sur le sol, à une distance de 5 mètres, grièvement blessé. Le chauffeur, mutilé, broyé, fut aussi lancé dans l'espace ; on retrouva ses membres épars sur la voie et dans la halle aux marchandises, distante d'environ 20 mètres. La commotion a fait dérailler la locomotive qui, après avoir parcouru une distance d'une vingtaine de mètres, s'arrêta à un talus.

La toiture du dépôt, les fenêtres de ce bâtiment, celles de la halle aux marchandises et une partie de sa clôture en bois, avaient volé en éclats. Le carré de la chaudière, enlevé tout le long du boulonnage, et le dôme des soupapes, furent projetés à une distance de 300 mètres.

Nous ne multiplierons pas ces tristes exemples d'accidents, notre but étant seulement de faire comprendre au public et même aux Compagnies de chemins de fer, le puissant intérêt qu'ils ont à se prémunir contre leurs suites, imitant en cela la sagesse de nos voisins.

DEUXIÈME CATÉGORIE

—

Accidents individuels étrangers à l'exploitation.

Les accidents causés par la propre faute des voyageurs ou celle des employés de chemins de fer, sont nombreux ; ils arrivent surtout par les tentatives d'entrées et de sorties des voitures pendant que les convois sont en marche. Ces tentatives entraînent presque toujours les plus graves blessures ou la mort.

Ces imprudences des voyageurs ou des personnes étrangères à l'exploitation ne peuvent être mises sur le compte des Compagnies. Quelles mesures préventives pourrait-on appliquer aux individus qui traversent la voie mal à propos, qui s'endorment sur les rails, sautent des voitures, se lèvent sur les banquettes des impériales, ou mettent la tête à la portière près des tunnels et des ponts ?

Voici quelques exemples d'accidents que nous avons puisés dans les journaux.

— Le sous-lieutenant de douane Thiry cheminait avec son adjoint sur la voie du chemin de fer, entre Momignies et Seloigne (Belgique). Ils étaient dans une étroite tranchée, lorsqu'ils furent surpris par le convoi venant de Momignies. M. Thiry voulut se garer en se jetant de côté, mais il fut atteint à l'épaule par la locomotive, qui le lança à une distance de 15 mètres. Lorsqu'on le releva il ne donnait plus signe de vie.

Le compagnon de M. Thiry n'a échappé au même sort qu'en se jetant à plat-ventre sur la voie, et en laissant passer tout le train sur lui, car la tranchée est tellement étroite en cet endroit qu'elle livre tout juste passage aux convois.

— Un accident dû à l'imprudence de celui qui en a été victime, est arrivé sur la ligne du chemin de fer de Paris à Rouen, auprès du tunnel de la côte Sainte-Catherine.

Le nommé Raoul, âgé de trente-quatre ans, employé dans la Compagnie, était de service en cet endroit ; il se disposait à rentrer chez lui quand il aperçut une locomotive qui venait de Sotteville et qui ralentissait considérablement sa marche, à cause des travaux qui se font en ce moment sur le pont de la rue de Préfontaine. Raoul voulut profiter de cette occasion et monter sur la machine ; mais il perdit l'équilibre et tomba si malheureusement que l'une des roues de la machine lui passa sur le pied et le lui broya. Relevé par un de ses camarades, Raoul, qui est marié et père de deux enfants en bas âge, fut transporté immédiatement à l'Hôtel-Dieu.

Il est expressément défendu aux voyageurs de descendre des wagons tant que le train n'est pas complétement arrêté. Cependant, tous les jours, des imprudents et des étourdis ne tiennent aucun compte de cette défense, surtout dans les trains qui desservent la banlieue de Paris, et déjà plusieurs ont été victimes de leur imprudence. Voici une nouvelle victime à ajouter à cette liste déjà trop nombreuse :

— Le sieur Joseph Obriot, soldat au 3ᵉ régiment de voltigeurs de la garde impériale, caserné à Courbevoie, arrivé dans cette localité par le train de 8 heures, s'étant précipité hors du wagon pendant que le train marchait encore, est tombé entre le quai de la gare et le wagon, et a été horriblement mutilé par le marche-pied. Ses camarades se sont empressés de le relever et de le reconduire à la caserne, mais il est mort en y arrivant.

— Une semblable imprudence vient de coûter la vie, dans la gare de Bayeux, à une dame. En sautant, elle a perdu l'équilibre, a pirouetté sur elle-même et est allée tomber sous les roues du train qui était en marche. Elle a été littéralement coupée en deux.

— A la gare de Tours, un homme d'équipe, le sieur Lanneau, a été écrasé entre deux tampons, en manœuvrant des wagons de marchandises.

Nous allons donner un aperçu statistique des événements de cette nature relevés au ministère des travaux publics pendant la période comprise entre 1835 et 1855.

VOYAGEURS

	Tués.	Blessés.
Descendus ou montés pendant que le train était en mouvement.	15	14
Descendus du côté opposé à celui du débarquement..........	»	1
Ayant sauté des trains en marche..........................	5	16
Tombés du train en se penchant par curiosité ou en s'appuyant contre des portières mal fermées.	7	6
Tombés dans les gares avant de monter dans le train ou après en être descendus, en courant rejoindre le convoi, en cherchant à sortir précipitamment des gares ou en circulant autour des stations pendant les arrêts.............	2	8
Heurtés par les trains en gare.	1	2
Atteints en mettant la tête hors des portières ou en se tenant debout sur les impériales.........	4	11
Atteints par des pierres lancées sur des trains ou par des avaries survenues aux wagons pendant la marche......................	1	2
Allumettes ayant pris feu sous les voyageurs..................	1	»
Totaux....	36	60

PERSONNES ÉTRANGÈRES AUX TRAINS

	Tués.	Blessés.
Atteintes par des trains isolés ou par des machines, sur la voie, en cherchant, victimes de leur imprudence, à monter frauduleusement dans les wagons..........	126	54
Atteints sur la voie de déchargement................	13	22
Suicides ou tentatives de suicide	22	1
Totaux..........	161	77

AGENTS DES COMPAGNIES

	Tués.	Blessés.
Écrasés, comprimés ou tamponnés dans les manœuvres de plaques tournantes, de wagons, de machines, dans les chargements ou déchargements, en attelant ou décrochant des wagons, en nettoyant des locomotives	46	194
Tombés du haut des wagons ou machines au repos ou en y voulant monter..............	4	21
A reporter.. ...	50	215

	Tués	Blessés
Report	50	215
Tombés dans les fosses à piquer le feu et dans les trous de plaques tournantes	»	2
Surpris par des trains ou machines en marche ou atteints en marchant à côté des convois	167	92
Tombés des trains ou des machines en marche, soit par inattention, soit pendant leur sommeil, soit par un arrêt trop brusque, soit en passant d'une voiture sur une autre, ou de la vigie des freins à l'intérieur du wagon....	49	70
Atteints en descendant ou en montant pendant la marche ou lorsque les véhicules étaient en mouvement	29	60
Atteints par les travaux d'art ou les roues des machines, en se levant sur des impériales de wagons, en s'asseyant sur le toit de la vigie, en se penchant ou en se tenant sur les marchepieds......	18	23
Atteints de même en faisant le contrôle aux portières.........	1	3
Chutes de poteaux télégraphiques, ponts ou passerelles par suite de chargements excédant le gabarit, pierres lancées sur les		
A reporter	314	465

	Tués	Blessés
Report.....	314	465
trains ou se détachant des travaux d'art, ruptures de pièces à la machine, aux grues de chargement et de déchargement et autres causes imprévues...............	5	36
Causes inexpliquées............	3	1
Totaux......	322	502

Comme on le voit, la part des employés des Compagnies est fort large, mais il faut tenir compte de la nature de leur service, de la fatigue qu'ils éprouvent souvent, et surtout de l'imprudence naturelle à ceux qui, par état, sont plus familiarisés avec le danger.

En résumé, malgré la quantité relative des événements que nous avons signalés, il faut reconnaître que le service supérieur des compagnies de chemins de fer est dirigé par des hommes d'une expérience et d'un mérite éprouvés ; et que les accidents, qui ne sont pas la suite d'une fatalité inouïe, proviennent toujours de l'oubli de sages règlements ou de l'imprudence de ceux qui en sont les victimes. Souvent aussi le public met en suspicion de négligence ou d'incapacité, depuis les directeurs jusqu'aux garde-lignes ; il n'apprécie et n'excuse rien ; il oublie les difficultés d'un service de cette nature.

Celui qui n'a pas monté sur une locomotive, ne peut savoir ce qu'il faut de courage, de sang-froid et d'adresse chez le mécanicien, souvent aveuglé par les intempéries, pour conduire un train. On ne voit qu'un retard, qu'un accident, et l'on ne tient pas compte des précautions prises à chaque instant du voyage, ni du dévouement des agents des Compagnies qui sont les premiers intéressés à l'accomplissement de leurs devoirs.

Voici le relevé complet des accidents arrivés sur les lignes anglaises, pendant une période de douze ans, de 1840 à 1852 :

	Tués.	Blessés.
Voyageurs	266	1.796
Étrangers	175	65
Individus stationnant sur la voie	106	84
Mécaniciens	73	94
Chauffeurs	116	123
Conducteurs	127	100
Garde-lignes ou garde-freins	117	65
Employés divers	648	321
Totaux	1.628	2.648

Nous n'ajouterons rien pour démontrer l'utilité universellement reconnue des assurances en matière de chemins de fer.

QUATRIÈME PARTIE

DE LA RÉASSURANCE

Après avoir examiné l'utilité de la Sécurité générale au point de vue des assurances individuelles, des assurances collectives et de celles relatives aux voyages en chemin de fer, il nous reste à parler de la *réassurance* pour les risques sur la vie, déjà couverts par d'autres sociétés, et de la *réassurance* des sociétés de secours mutuels et de prévoyance.

Le but et l'utilité de la réassurance consistent, pour les Compagnies qui y ont recours, à diviser leurs chances de pertes, à limiter le chiffre de leur garantie et à atténuer ainsi l'effet de leur responsabilité.

La division des risques est, aux yeux de tous les hommes expérimentés, le perfectionnement en matière d'assurances. Elle seule peut établir un équilibre nécessaire et répartir les gros sinistres, de manière à les empêcher de peser sur une seule société assez lourdement pour l'ébranler.

Le fonctionnement de la réassurance aujourd'hui compris et pratiqué dans une mesure assez large en matière d'assurances contre l'incendie, ne l'est encore que faiblement, et bien plutôt par voie de *co-assurance*, en matière d'assurances maritimes et sur la vie. C'est cependant surtout pour cette dernière branche, celle des assurances sur la vie, que son application semble appelée à rendre d'incontestables services.

Ainsi les Compagnies couvrent aujourd'hui le risque de mort dans sa généralité, et portent le poids de toute l'éventualité de leur opération. Qu'elles effectuent la division du risque en faisant réassurer la mort *accidentelle* par la SÉCURITÉ GÉNÉRALE, l'allégement sera véritable pour elles, puisque bien des contrats et surtout les contrats temporaires, ont précisément en vue de couvrir la mort par accident. Là donc apparaît, dans sa plus simple expression, le rôle de réassureur qui s'ouvre pour la société nouvelle.

Telle était notre pensée, lorsque nous disions, au début de ce recueil, que loin de se produire en concurrence avec ses aînées, la SÉCURITÉ GÉNÉRALE était appelée à fonctionner harmoniquement avec elles. C'est un concours que nous demandons aux hommes éminents qui les dirigent, comme c'est un concours que nous osons leur offrir.

Mais à la réassurance des Compagnies régulièrement constituées ne se borne pas le rôle que nous entrevoyons pour la société nouvelle. Il en est un autre dont il sera facile de comprendre l'importance.

Personne n'ignore que certains grands établissements industriels, notamment les chemins de fer, les forges et chantiers maritimes, certains hauts-fourneaux, des exploitations minières, ont été peu à peu amenés à créer des caisses spéciales de secours et de prévoyance. Ces caisses, alimentées à la fois par les ouvriers et les patrons, embrassent toutes les prévisions de l'assistance. Mais leur action bienfaisante se trouve trop souvent entravée, d'une part, parce que le cercle un peu large de leurs prévisions embrasse toutes les éventualités de suspension du revenu quotidien, et d'autre part, parce que le personnel de chacun de ces établissements, si considérable qu'il soit, ne saurait jamais équivaloir, comme importance de cotisations, à la masse collective qui constitue la clientèle d'une Compagnie d'assurance. Eh bien ! que les grands industriels qui ont organisé ainsi spontanément l'assistance autour d'eux, veuillent bien arrêter un moment leur attention sur l'économie de l'institution nouvelle, et son rôle leur sera tout de suite révélé comme le complément de leur œuvre. Personne ne le niera, l'accident tient une place énorme dans les infortunes qu'il s'agit de secourir. En isolant cet élément, en partageant le fardeau avec une institution spéciale, on ménage évidemment une partie de ses forces. N'est-ce pas fournir par là même, aux chefs des grands établissements, le moyen d'exercer une action plus large, plus complète, quant aux autres branches de leur prévoyance?

Etant donnée l'application de cette pensée de réassurance aux caisses spéciales des grandes sociétés industrielles, on arrive sans effort à lui reconnaître encore une plus grande portée de généralisation. Les sociétés de secours mutuels sont devenues une des institutions de l'époque. Depuis le décret de 1852, leur nombre s'est élevé à près de 5,000, — comprenant plus de 600,000 membres participants. Certes, c'est là un succès qui révèle l'incontestable puissance du principe; mais l'action et la prospérité des sociétés de secours mutuels se trouve soumise à une foule de circonstances particulières, telles que la plus ou moins grande insalubrité de certaines localités ou de certaines industries dominantes. Elles pourraient même être momentanément paralysées par une épidémie. Enfin, à la différence des caisses spéciales dont nous venons de parler, cette action s'arrête de droit devant la mort. La réassurance apparaît donc encore comme le complément naturel des sociétés de secours mutuels. Que ces sociétés lui demandent de couvrir les incapacités de travail résultant d'*accidents;* qu'elles lui demandent de couvrir le risque résultant pour la famille de la *mort accidentelle* de son chef: il en résultera, d'une part, comme dans le cas précédemment cité, un immense allégement, et partant un surcroît de forces, de l'autre, un complément de garantie qui doit leur faire bien douloureusement défaut, lorsque sur le champ de bataille de travail une mort accidentelle vient enlever à sa famille l'un des membres de l'association.

On voit par ces indications sommaires que rôle la Sécurité générale peut être appelée à remplir, d'abord comme institution principale, puis comme institution complémentaire ou de réassurance. De plus grands développements nous semblent superflus. Il ne nous reste plus qu'à faire appel à ceux qui sont placés pour nous entendre.

C'est d'abord à la masse, aux classes laborieuses que nous nous adressons. Le grand progrès qui s'est accompli dans les esprits durant le cours de ces dernières années, leur a révélé que l'effort individuel était le premier acte de leur émancipation. Notre œuvre sera donc certainement comprise par tous les travailleurs intelligents, et nous comptons beaucoup sur leur concours direct.

Nous comptons non moins sur celui des patrons ; le sentiment de leur responsabilité au point de vue de l'humanité et au point de vue légal, les amènera à reconnaître toute l'utilité du rôle que nous entreprenons de remplir, en simplifiant leur tâche évidemment trop complexe.

Aux hommes de dévouement éclairé qui président les sociétés de secours mutuels, nous recommanderons l'étude de notre mécanisme, l'importance de nos ressources et la variété de nos combinaisons.

Enfin, à nos aînés, à nos maîtres dans la

science de l'assurance, à ceux-là qui, l'ayant implantée sur le sol un peu rebelle de la France, l'y acclimatent chaque jour par la lucidité de leurs écrits et l'honnêteté de leur pratique, nous demandons leur sympathie, leurs conseils et leur coopération effective.

STATISTIQUE. — RELEVÉ DES MORTS ACCIDENTELLES PENDANT LA PÉRIODE DÉCENNALE DE 1851 A 1860

ANNÉES	NOYÉS	TUÉS OU ÉCRASÉS PAR					TUÉS EN TOMBANT		TUÉS par explosion d'armes à feu.	ASPHYXIÉS			VICTIMES de tout autre genre de mort accidentelle.	TOTAL
		des voitures, charrettes, chariots, chevaux.	des éboulements de terrains ou de constructions.	des corps durs tombant sur eux.	des roues de moulin, mécaniques, et explosions de mines.	des explosions de machines à vapeur, des accidents de chemins de fer.	dans des carrières ou des précipices.	d'échafaudages ou de lieux élevés.		par le feu et brûlés.	par la foudre.	de toute autre manière.		
1851	3.489	827	327	526	140	42	67	829	101	488	54	115	182	6.897
1852	3.675	970	301	273	119	73	89	875	84	444	104	135	215	7.357
1853	3.664	798	372	320	173	58	85	943	81	551	50	148	124	7.367
1854	3.443	755	427	270	225	82	75	896	53	558	52	170	145	7 111
1855	3.488	778	416	408	224	119	95	953	60	726	96	142	172	7.677
1856	4.098	842	416	375	182	156	146	947	69	635	92	129	147	8.279
1857	3.773	934	430	260	202	162	147	1.131	81	671	108	138	170	8.307
1858	3.307	1.043	377	340	161	141	154	1.296	73	782	80	144	119	8.017
1859	4.413	1.161	406	349	146	146	89	1.334	93	799	97	148	155	9.336
1860	3.805	956	356	357	230	106	101	1.311	99	694	51	136	118	8.320
	37.115	9.064	3.288	3.288	1.802	1.085	1.048	10.515	794	6.348	784	1.405	1.547	78.668

Dans ce relevé, ne sont pas comprises les morts accidentelles résultant de maladies naturelles, celles provenant de l'usage immodéré du vin ou des liqueurs alcooliques, et les morts de faim, de froid ou de fatigue, énumérées dans le relevé général de l'Empire, et qui ne peuvent être l'objet de l'assurance.

LA
SÉCURITÉ GÉNÉRALE

SOCIÉTÉ ANONYME

AUTORISÉE PAR DÉCRET IMPÉRIAL EN DATE DU 11 NOVEMBRE 1865

Au capital de 2,500,000 fr.

COMPAGNIE D'ASSURANCES A PRIMES FIXES

CONTRE

LES ACCIDENTS

DE TOUTE NATURE

Pouvant atteindre les personnes

SIÉGE SOCIAL

Rue de Ménars, n° 10

PARIS

EXTRAITS DES STATUTS

—

Art. 3. — Les opérations de la Société s'étendent à toute la France, aux colonies, à l'Algérie et à l'étranger.

Art. 5. — La Société a pour objet :

I. — L'assurance contre les conséquences des accidents corporels de toute nature provenant d'une cause violente involontaire.

II. — La réassurance des mêmes risques garantis par d'autres Sociétés d'assurance.

Art. 6. — L'assurance donne droit, moyennant une prime annuelle qui varie suivant la classe de risques dans laquelle a été placé l'assuré, conformément à l'art. 11 ci-après, à une indemnité pécuniaire déterminée par la Police et consistant :

1° En cas de mort, en une somme fixe;

2° En cas d'incapacité permanente de travail, en une rente viagère ou en une indemnité proportionnée à la gravité de la blessure et au chiffre pour lequel l'assurance a été contractée;

3° En cas d'incapacité temporaire de travail variant de cinq jours à quatre-vingt-dix jours, en une indemnité quotidienne.

Art. 7. — L'assurance est individuelle ou collective.

L'assurance *individuelle* est celle contractée par une seule personne dans son intérêt propre ou dans l'intérêt d'un tiers par elle désigné.

L'assurance *collective* est celle contractée par les chefs d'établissement ou d'administration, ou par des Sociétés de secours mutuels et de prévoyance dans l'intérêt des ouvriers, employés ou secrétaires.

Art. 8. — L'indemnité due en vertu de l'assurance est acquise exclusivement à la victime de l'accident ou à ses ayants droit. En conséquence, l'indemnité due par la Compagnie, après le règlement du sinistre, sera remise en espèces et sur quittance à l'assuré ou à ses ayants droit.

Art. 9. — Par la quittance de l'indemnité, la Société est subrogée aux droits de l'assuré jusqu'à concurrence des sommes qu'elle lui a payées dans le recours appartenant aux victimes, contre les auteurs ou les personnes responsables de l'accident.

Art. 10. — L'assurance contractée avec la Compagnie ne fait pas obstacle à ce que le sinistré ou ses ayants droit exerce un recours complémentaire contre les personnes, auteurs ou responsables de l'accident, dans le cas où l'indemnité qui lui est allouée par la Compagnie, en vertu de l'assurance, ne serait pas jugée suffisante.

Art. 11. — Les assurés sont divisés en trois classes correspondantes aux divers risques, qu'ils peuvent courir d'après leur position sociale ou leur profession.

1re classe. — *Risques ordinaires.* — Ceux que court le public en général.

2e classe. — *Risques hasardeux.* — Ceux qui incombent plus particulièrement aux travaux industriels.

3e classe. — *Risques très chanceux.* — Ce sont les risques exceptionnels pouvant donner lieu à une prime spéciale, dont la fixation est réservée au Conseil d'administration.

ART. 12. — Les indemnités assurées sur la tête d'une personne sont fixées par le Conseil d'administration.

ART. 13. — La Société ne répond pas des conséquences des cas de suicide (alors même qu'il serait dû à un dérangement des facultés mentales), de guerre ou d'émeute, de rixe ou de lutte, d'ivresse manifeste, d'infraction aux lois et règlements soit publics, soit particuliers relatifs à la sûreté des personnes ou de faute grave.

Toutefois, la Société répond des suites des accidents survenus à l'occasion des tentatives de sauvetage des personnes ou des propriétés.

CONDITIONS GÉNÉRALES DES POLICES

—

I. L'assurance n'a de valeur hors du territoire de l'Empire français que pour le cas de mort seulement et moyennant une prime égale à celle qui sert de base à la double assurance consentie pour les cas de mort et de blessures survenues en France.

II. Les assurés doivent avoir douze ans au moins, au moment de la souscription de l'assurance, qui ne peut être contractée après l'âge de soixante-cinq ans. Toutefois, l'assuré qui aura atteint cet âge est en droit de continuer son contrat et même de le renouveler à son échéance.

III. La Compagnie n'admet point à l'assurance les personnes atteintes d'une maladie ou d'une infirmité grave et permanente.

IV. *Déclaration d'assurance.*—La déclaration constatant l'âge de l'assuré, sa profession ou ses occupations habituelles, sa résidence, ses infirmités sert de base au contrat.

En conséquence toute fausse déclaration, erreur ou omission qui modifierait l'appéciation du risque ou en changerait le sujet, annule l'assurance quand bien même la réticence ou fausse déclaration n'aurait exercé aucune influence sur l'importance du dommage dont répond la Compagnie.

En cas de changement de profession de la part de l'assuré, celui-ci est tenu d'en informer la Compagnie, dans le délai de quinze jours, sous peine de perdre ses droits au bénéfice de l'assurance, en cas de sinistre avant cette déclaration.

Si les risques courus par l'assuré venaient à augmenter par suite du changement de profession, ou par suite d'autres circonstances pouvant donner lieu à une augmentation dans le taux de la prime, le conseil d'administration aura le droit, soit d'exiger l'augmentation de prime, soit, à son choix, de résilier le contrat.

La Compagnie pourra seule exciper des cas de nullité.

V. *Durée des contrats.*—La police est annuelle, toutefois elle peut être prorogée du consentement de la Compagnie et l'assurance renouvelée pour une égale période par le seul fait de payement d'une nouvelle prime avant l'échéance du premier contrat.

Cette disposition est également applicable aux assurances d'une moindre durée.

VI. *Mode de payement de la prime.* — La prime doit être acquittée d'avance au domicile de la Compagnie ou celui de ses représentants dans les départements.

Après un sinistre, même partiel, la Compagnie peut résilier la police d'assurance en tout ou partie par une simple notification.

Toute prime payée au jour de la résiliation de celle-ci est encourue pour inexécution de la part de l'assuré d'une des obligations qui lui sont imposées, et est acquise à la Compagnie.

VII. *Formalités à remplir en cas de sinistre.*—Dans les quarante-huit heures qui suivront l'accident, il devra être fait, par-devant une des autorités de la commune dans laquelle a eu lieu l'événement, une déclaration signée de deux témoins constatant l'époque et la nature de l'accident, ses causes connues ou présumées, ainsi que toutes les circonstances qui l'ont accompagné.

Ladite déclaration devra être immédiatement

transmise par l'assuré ou son ayant droit à la Compagnie ou à son représentant dans les départements ; il devra y être joint :

1° Un état indicatif des noms, profession, âge et domicile de l'assuré ;

2° Un certificat de médecin constatant :

En cas de blessures entraînant une incapacité de travail seulement, le genre d'accident qui y a donné lieu ;

En cas de décès, les causes directes de la mort ;

3° Dans ce dernier cas, l'acte de décès.

Il sera délivré un récépissé des déclarations par l'agent qui les aura reçues.

Celui qui emploie sciemment des moyens ou documents mensongers à l'effet d'exagérer les suites de l'accident, est entièrement déchu de tous ses droits à aucune indemnité ; sa police est résiliée de plein droit, et les primes qu'il a payées sont acquises à la Compagnie.

L'assuré ou ses ayants droit sont tenus de recourir immédiatement à un chirurgien ou à un médecin pour obtenir les soins indispensables. L'inobservation de cette prescription ou l'inexétion des ordonnances du médecin ou du chirurgien, mettraient l'assuré en cas de perdre ses droits à toute indemnité.

Aucune indemnité ne sera accordée si un médecin, ou toute autre personne spécialement désignée par la Compagnie, n'a pu visiter le sinistré aussi souvent que cela peut être raisonnablement requis dans l'intérêt de la Compagnie.

Les indemnités à payer par la Compagnie pour un seul et même accident ne se cumulent pas.

Dans aucun cas la Société ne peut être responsable des suites d'un sinistre déjà réglé.

VIII. *Délais et prescription.* — Si, dans un délai de quinze jours, à compter de la date du sinistre, l'assuré ou ses ayants droit n'ont pas transmis les pièces ci-dessus indiquées à la Compagnie, ou à son agent dans les localités, l'assuré ou ses ayants droits sont déchus de tous leurs droits contre la Société, à moins qu'il n'y ait eu impossibilité constatée.

Dans tous les cas, toute action en payement de dommages est prescrite par six mois, à compter du jour de l'accident. En conséquence, la Compagnie, ce délai expiré, ne peut être tenue à aucune indemnité.

IX. *Subrogation*. — Conformément aux dispositions de l'article 9 des statuts précités, l'assuré délègue tous ses droits à la Compagnie, et la substitue, jusqu'à concurrence des sommes qu'elle lui a payées, dans son recours contre les auteurs ou les personnes responsables de l'accident.

L'assuré s'oblige, au besoin, et oblige ses représentants, en cas de décès, à faire cette subrogation ou cession par acte séparé si la Compagnie l'exige.

X. *Contestations*.—Les contestations entre les assurés et la Compagnie seront jugées par les tribunaux ordinaires.

Elles pourront être déférées à des arbitres nommés, l'un par la Société, l'autre par l'assuré ou ses ayants droit. Dans le cas où les arbitres ainsi nommés ne parviendraient pas à s'entendre sur le choix du tiers arbitre, il y sera pourvu, à la requête de la partie la plus diligente, par le président du tribunal de commerce dans les arrondissements où il en existe, à défaut par le président du tribunal civil de première instance.

Dans ce cas, la décision des arbitres est sans appel ni recours en cassation.

MODÈLE DE PROPOSITION D'ASSURANCES

—

Nom (en entier).________________

Age (depuis la naissance).________________

Profession ou occupations.________________

Résidence.________________

Etablir si la personne proposée)
pour l'assurance est malade ou(
atteinte d'une infirmité grave ou(
permanente.)

Etablir si des circonstances)
l'exposent plus particulièrement(——————
à des accidents.)

Etablir si elle est maintenant)
ou a été assurée, ou a été refusée)
par une autre compagnie et dans) ——————
ce dernier cas indiquer les motifs)
du refus.)

Classes de l'assurance contre les accidents.

1ʳᵉ classe, Risque ordinaire.

2ᵉ   —   Risque hasardeux.

3ᵉ   —   Risque très chanceux.

Etablir s'il s'agit d'assurance)
spéciale. (

—

Somme assurée en cas de mort.________f.____

Rente viagère en cas d'incapacité permanente de travail.________________f.____

Allocation quotidienne en cas d'incapacité
temporaire.________________f.____

Prime à payer pour le cas de mort seule-
ment.________________f.____

Prime à payer pour les cas d'incapacité
de travail.________________f.____

Prime à payer pour les deux cas réunis. f.___

Total.________f.

MODÈLE DE DÉCLARATION

Je soussigné, après avoir lu attentivement mes réponses aux questions susénoncées, déclare qu'elles sont conformes à la vérité et n'avoir rien caché qui puisse induire la Compagnie en erreur sur la décision qu'elle doit prendre à l'égard de l'assurance proposée sur... personne .

La présente proposition, de même que ma déclaration devant servir de base au contrat à intervenir, j'accepte, avec parfaite connaissance de cause, les conséquences de l'art. IV des conditions générales de la police ainsi conçu :

« La déclaration constatant l'âge de l'assuré, sa
» profession, ses occupations habituelles, sa rési-
» dence, ses infirmités, sert de base au contrat. En
» conséquence, toute fausse déclaration, erreur ou
» omission qui modifierait l'appréciation du risque
» ou en changerait le sujet, annule l'assurance
» quand bien même la réticence ou fausse déclara-
» tion n'aurait exercé aucune influence sur l'impor-
» tance du dommage dont répond la Compa-
» gnie. »

Fait à   , le   186 .

Signature du proposant

N.-B. — La Police sera délivrée aux bureaux de la Compagnie à l'assuré dans le courant d'une semaine.

DÉCOMPTE

Prime................	
Timbre et coût de la police.........	
TOTAL.......	

12

ASSURANCES INDIVIDUELLES.

EXEMPLES.

APPLICATION DES TARIFS

En payant une prime annuelle de 7 fr. 70 c., une personne assurée à la première classe, peut garantir à sa veuve, ses enfants, ses héritiers ou à toute autre personne bénéficiaire du contrat, une somme de 5,000 fr. dans le cas où elle viendrait à décéder victime d'un accident.

En élevant la prime à 15 fr. 40 c., elle peut s'assurer une pension viagère de 300 fr. pour le cas d'incapacité permanente et absolue de travail provenant de la même cause, ou 2 fr. 50 c. par jour de chômage temporaire.

En portant la prime à 22 fr., elle peut couvrir à la fois les trois éventualités, c'est-à-dire l'indemnité de 5,000 fr. à ses héritiers, la pension viagère de 300 fr., et la prestation de 2 fr. 50 c. par jour de chômage temporaire.

Le tout conformément aux dispositions des articles des statuts et des conditions générales des polices dont la publication est faite pages 169 à 175 de ce volume.

Dans les mêmes conditions, en payant une prime

annuelle de 31 fr. 50 c., une personne assurée (toujours dans la première classe) peut garantir 25,000 fr. à ses héritiers en cas de mort accidentelle.

En élevant la prime à 63 fr., elle peut s'assurer une pension viagère de 1,500 fr. pour incapacité permanente et absolue, ou 12 fr. 50 c. par jour en cas d'incapacité temporaire.

En portant la prime à 90 fr., elle peut couvrir à la fois les trois éventualités, l'indemnité de 25,000 fr. la pension viagère de 1,500 fr. et la prestation de 12 fr. 50 c.

Cette personne peut encore combiner, selon sa convenance, les indemnités qui devront être allouées par la Compagnie, en cas de sinistre, soit comme importance de la somme à payer comptant en cas de décès, soit comme importance de la compensation à donner à l'assuré lui-même, pour le cas d'incapacité permanente ou temporaire.

Ainsi, un assuré qui voudrait ne laisser après lui que 12,500 fr. et couvrir l'éventualité des incapacités de travail sur le pied de 1,500 fr. de rente viagère ou de 12 fr. 50 c. de prestation quotidienne aurait à payer une prime annuelle de 81 fr., savoir, 18 fr. pour le premier cas, et 63 fr. pour le second cas, soit ensemble 81 fr.

Les exemples que nous venons d'indiquer ci-dessus sont applicables à chacune des classes à laquelle peut appartenir l'assuré, selon la nature des risques qu'il peut courir, d'après sa position sociale et le danger de sa profession.

ASSURANCES INDIVIDUELLES

TAUX DES PRIMES A PAYER PAR ANNÉE.

Pour garantir une somme déterminée aux héritiers ou aux bénéficiaires du contrat en cas de décès par accident seulement			Pour garantir une compensation pécuniaire à l'assuré en cas de blessures par accident seulement.			Pour garantir tous les cas réunis de décès et de blessures par accident.			INDEMNITÉS.	COMPENSATION aux assurés.	
CLASSES.			CLASSES.			CLASSES.			Somme à payer en cas de décès par accident.	Rente viagère.	Allocation quotidienne.
1	2	3	1	2	3	1	2	3			
1 60	2 30		3 20	3 90		4 55	5 95		1.000	60	» 50
3 95	5 65		7 90	9 65		11 25	14 60		2.500	150	1 25
7 70	11 »		15 40	18 70		22 »	28 60		5.000	300	2 50
11 30	16 10		22 60	27 40		32 50	41 90		7.500	450	3 75
14 70	21 »		29 40	35 70		42 »	54 60		10.000	600	5 »
17 95	25 65		35 90	43 55		51 25	66 60		12.500	750	6 25
21 »	30 »		42 »	51 »		60 »	78 »		15.000	900	7 50
26 60	38 »		53 20	64 60		76 »	98 89		20.000	1.200	10 »
31 50	45 »	Réservé à l'administration.	63 ◂	76 50	Réservé à l'administration.	90 »	117 »	Réservé à l'administration.	25.000	1.500	12 50

Pour les chiffres intermédiaires, on pourra s'adresser
à l'administration.

Les droits de timbre et de police sont proportionnels au
chiffre couvert par l'assurance, mais, dans aucun cas, ils ne
peuvent être inférieurs à cinquante centimes par police.

ASSURANCES COLLECTIVES POUR LES CHEFS D'INDUSTRIE

TAUX DES PRIMES PAR ANNÉE.

Pour garantir une somme déterminée aux héritiers ou aux bénéficiaires du contrat en cas de décès par accident seulement — CLASSES			Pour garantir une compensation pécuniaire à l'assuré en cas de blessures par accident seulement — CLASSES			Pour garantir tous les cas réunis de décès et de blessures par accident — CLASSES			INDEMNITÉS	COMPENSATION aux abonnés	
1	2	3	1	2	3	1	2	3	Somme à payer en cas de décès par accident	Rente Viagère	Allocation quotidienne
1 05	1 50	Réservé à l'administration.	2 15	2 60	Réservé à l'administration.	3 05	3 95	Réservé à l'administration	1 000	60	» 50
2 65	3 75		5 25	6 35		7 50	9 70		2.500	150	1 25
5 15	7 35		10 25	12 45		14 65	19 05		5 000	300	2 50
7 50	10 75		15 05	18 25		21 50	27 95		7 500	450	3 75
9 80	14 »		19 60	23 80		28 »	36 40		10 000	600	5 »
11 95	17 10		23 95	29 »		34 65	44 40		12.500	750	6 25
14 »	20 »		28 »	34 »		40 »	52 »		15 000	900	7 50
17 75	25 35		35 45	43 05		50 65	65 90		20 000	1 200	10 »
21 »	30 »		42 »	51 »		60 »	78 »		25.000	1 500	12 50

Pour les chiffres intermédiaires, on pourra s'adresser à l'administration.

Les droits de timbre et de police sont proportionnels au chiffre convert par l'assurance

ASSURANCES COLLECTIVES

—

Voir la deuxième partie du volume.

—

Les primes peuvent, à la volonté du contractant, être payables par année, par mois, par journée de travail. Dans ce dernier cas, applicable surtout aux industries dans lesquelles le nombre des personnes employées est essentiellement variable, la régularisation s'opère d'après les états de paye et le livre des ouvriers. Le montant de la prime à payer ne peut donc être déterminé qu'à certaines époques prévues, lorsque le risque a déjà été couru, et quand le nombre des personnes employées est parfaitement connu. La déclaration du contractant, à cet égard, est faite à l'époque déterminée, à la Compagnie qui, de son côté, a le droit d'en faire contrôler l'exactitude, conformément aux prescriptions énoncées dans les conditions générales du contrat.

Pour les primes payables par mois ou par journée s'adresser à l'administration.

—

ASSURANCES LIMITÉES AUX HEURES DE TRAVAIL

TAUX DES PRIMES POUR UNE ANNÉE

<table>
<tr>
<th colspan="3">INDEMNITÉS.</th>
<th colspan="3">Pour garantir tous les cas réunis de décès et de blessures par accident.</th>
<th colspan="3">Pour garantir une compensation pécuniaire à l'assuré en cas de blessures par accident seulement.</th>
<th colspan="3">Pour garantir une somme déterminée aux héritiers ou aux bénéficiaires du contrat en cas de décès par accident seulement.</th>
</tr>
<tr>
<th rowspan="2">Somme à payer en cas de décès par accident.</th>
<th colspan="2">COMPENSATION aux assurés.</th>
<th colspan="3">CLASSES.</th>
<th colspan="3">CLASSES.</th>
<th colspan="3">CLASSES.</th>
</tr>
<tr>
<th>Rente viagère.</th>
<th>Allocation quotidienne.</th>
<th>1</th><th>2</th><th>3</th>
<th>1</th><th>2</th><th>3</th>
<th>1</th><th>2</th><th>3</th>
</tr>
<tr>
<td>1.000</td><td>60</td><td>» 50</td>
<td>2 75</td><td>3 55</td><td rowspan="9">Réservé à l'administration.</td>
<td>1 90</td><td>2 35</td><td rowspan="9">Réservé à l'administration.</td>
<td>» 95</td><td>1 35</td><td rowspan="9">Réservé à l'administration.</td>
</tr>
<tr>
<td>2.500</td><td>150</td><td>1 25</td>
<td>6 75</td><td>8 5</td>
<td>4 70</td><td>5 75</td>
<td>2 40</td><td>3 40</td>
</tr>
<tr>
<td>5.000</td><td>300</td><td>2 50</td>
<td>13 20</td><td>17 15</td>
<td>9 25</td><td>11 25</td>
<td>4 65</td><td>6 60</td>
</tr>
<tr>
<td>7.500</td><td>450</td><td>3 75</td>
<td>19 35</td><td>5 15</td>
<td>13 55</td><td>16 45</td>
<td>6 80</td><td>9 70</td>
</tr>
<tr>
<td>10.000</td><td>600</td><td>5 »</td>
<td>25 20</td><td>32 75</td>
<td>17 65</td><td>21 40</td>
<td>8 85</td><td>12 60</td>
</tr>
<tr>
<td>12.500</td><td>750</td><td>6 25</td>
<td>30 75</td><td>39 95</td>
<td>21 55</td><td>26 15</td>
<td>10 80</td><td>15 45</td>
</tr>
<tr>
<td>15.000</td><td>900</td><td>7 50</td>
<td>35 »</td><td>46 80</td>
<td>25 20</td><td>30 60</td>
<td>12 60</td><td>18 »</td>
</tr>
<tr>
<td>20.000</td><td>1.200</td><td>10 »</td>
<td>45 60</td><td>59 30</td>
<td>31 90</td><td>38 75</td>
<td>15 95</td><td>22 80</td>
</tr>
<tr>
<td>25.000</td><td>1.500</td><td>12 50</td>
<td>54 »</td><td>70 20</td>
<td>37 80</td><td>45 90</td>
<td>18 90</td><td>27 »</td>
</tr>
</table>

Pour les chiffres intermédiaires, on pourra s'adresser à l'administration.

Les droits de timbre et de police sont proportionnels au chiffre couvert par l'assurance, mais, dans aucun cas, ils ne peuvent être inférieurs à cinquante centimes par police.

ASSURANCES DE VOYAGE EN CHEMIN DE FER

—

Pour garantir, comme dans le cas de l'assurance individuelle, contre les accidents de toute nature, les trois éventualités suivantes :

1° Une somme déterminée en cas de décès par accident;

2° Une rente viagère en cas d'incapacité permanente de travail;

3° Une allocation quotidienne en cas d'incapacité temporaire, variant de cinq jours au moins à quatre-vingt-dix jours au plus,

Les primes à payer à la Compagnie sont fixées comme suit :

ASSURANCES A COURT TERME

—

TARIF GÉNÉRAL

Pour les voyageurs en chemin de fer

1 mois..	0.25	Par 1,000 fr. de valeur assurée en cas de décès, avec compensation correspondante, en cas de blessures.
3 mois.............	0.50	
6 mois......... ..	0.80	
1 an.............	1. »	

TARIF SPÉCIAL

Pour les employés de la poste et du télégraphe, les éleveurs ou conducteurs de bestiaux, lorsqu'ils voyagent dans leurs voitures respectives.

1 mois..............	0.50	Par 1,000 fr. de valeur as-
3 mois.............	1. »	surée, en cas de décès,
6 mois.............	1.60	avec compensation cor-
1 an...............	2. »	respondante, en cas de
		blessures.

—

ASSURANCES POUR CINQ OU DIX ANNÉES

Soit par payements annuels, soit par versement unique

Versement annuel	0.80	Par 1,000 fr. de valeur as-
Versement unique		surée, en cas de décès,
pour 5 ans......	3.50	avec compensation cor-
Versement unique		respondante, en cas de
pour 10 ans....	6. »	blessures.

ASSURANCES POUR LA VIE ENTIÈRE

PAR PAYEMENT UNIQUE

Les polices contre les accidents de chemins de fer sont délivrées pour toute la durée de la vie, pour garantir une somme n'excédant pas 25 000 francs, en cas de mort, avec compensation proportionnée en cas de blessures, sur le payement d'une prime unique d'après l'âge de l'assuré.

```
à 20 ans.........    10. »  ⎫
  25   »  .........   9.50  ⎪
  30   »  .........   9. »  ⎪
  35   »  .........   8.50  ⎬  Par 1,000 fr. de valeurs
  40   »  .........   8. »  ⎪         assurées.
  45   »  .........   7.50  ⎪
  50   »  .........   7. »  ⎪
  55   »  .........   6.50  ⎪
  60   »  .........   6. »  ⎭
```

ASSURANCES POUR LA VIE ENTIÈRE

PAR PAYEMENTS ANNUELS AVEC ÉCHELLE DÉCROISSANTE.

Les polices sont délivrées pour toute la durée de la vie, pour assurer 25,000 francs à quelque âge que ce soit, par payement annuel, avec échelle décroissante comme ci-dessous :

```
Pendant les quatre premières années.........  25 fr.
Pendant les quatre années suivantes..........  20 ·
Pendant les quatre années suivantes..........  15
Pendant les quatre années suivantes..........  10
Pendant le reste de la vie....................   5
```

Toutes ces assurances ne s'étendent qu'aux accidents survenus pendant le voyage en chemin de fer seulement. — Elles ne sont pas applicables aux moyens de transport intermédiaires, tels que voitures, diligences, bateaux à vapeur ou bacs, si de pareilles interruptions se présentaient pendant le voyage, mais elles reprennent leur effet lorsque le voyage est continué sur le chemin de fer.

Les employés supérieurs des compagnies de chemin de fer qui voyagent occasionnellement, sont assurés pour la somme stipulée au contrat, avec le privilége additionnel de couvrir le risque exceptionnel qu'ils peuvent courir en montant sur les locomotives, sans aucune augmentation dans le taux de la prime.

Les assurés sinistrés ou les héritiers et bénéficiaires du contrat, pour avoir droit à leurs indemnités devront prouver que les blessures ou le décès sont le résultat d'un accident de chemin de fer, et, lorsqu'il s'agira des assurés énoncés dans le tarif spécial, d'un accident survenu pendant le voyage et dans les wagons, locomotives ou tenders qui leur sont respectivement assignés par leurs fonctions.

L'assurance n'a de valeur en dehors du territoire de l'empire français que pour le cas de mort seulement, et moyennant une prime égale à celle de la double assurance consentie pour le cas de mort ou de blessures survenues en France.

RÉASSURANCES

Ainsi qu'il est établi dans les statuts de la Compagnie, art. 5, § II, la Sécurité générale concourt, par voie de réassurances, à la garantie totale ou partielle des risques de même nature déjà couverts par d'autres sociétés d'assurances.

L'article 35 des statuts prévoit également que les conditions générales des contrats de réassurances sont arrêtées par le Conseil d'administration.

En conséquence :

Toute proposition de réassurances devra être soumise au Conseil d'administration par l'organe du directeur, qui discutera et arrêtera les conditions générales avec les parties intéressées, et les soumettra à l'approbation du Conseil d'administration de la Sécurité générale.

JANVIER			FÉVRIER			MARS		
P. L. le 1. D. Q. le 8. N. L. le 16. P. Q. le 23. P. L. le 30.			D. Q. le 7. N. L. le 15. P. Q. le 22.			P. L. le 1. D. Q. le 9. N. L. le 16. P. Q. le 23. P. L. le 31		
l	1	CIRCONCISION	j	1	s. Ignace, mart.	j	1	s. Aubin.
m	2	s. Narcisse.	v	2	PURIFICATION.	v	2	s. Simplice.
m	3	ste Geneviève.	s	3	s. Blaise.	s	3	ste Cunégonde.
j	4	ste Pharaïlde.	D	4	*Sexagésime*.	D	4	*Oculi* s. Casimir
v	5	ste Émilie.	l	5	ste Agathe.	l	5	s. Théophile.
s	6	*Epiphanie*.	m	6	s. Amand.	m	6	ste Colette.
D	7	s. Lucien.	m	7	s. Romuald.	m	7	s. Thomas.
l	8	ste Adèle.	j	8	s. Jean de M.	j	8	s. Jean de Dieu.
m	9	s. Marcellin.	v	9	ste Apolline.	v	9	ste Françoise.
m	10	ste Agathon.	s	10	ste Scholastique	s	10	40 Martyrs.
j	11	ste Hortense.	D	11	*Quinquagésime*	D	11	*Lætare*.
v	12	ste Césarie.	l	12	ste Eulalie.	l	12	s. Grégoire.
s	13	ste Léonce.	m	13	ste Euphrosine.	m	13	ste Christine.
D	14	s. Hilaire.	m	14	*Cendres*.	m	14	ste Mathilde.
l	15	s. Paul ermite.	j	15	s. Faustin.	j	15	s. Longin.
m	16	s. Marcel.	v	16	ste Julienne.	v	16	ste Eusébie.
m	17	s. Antoine.	s	17	s. Antoine.	s	17	ste Gertrude.
j	18	s. Nom de Jésus.	D	18	*Quadragésime*.	D	18	PASSION.
v	19	s. Canut.	l	19	s. Boniface.	l	19	s. Joseph.
s	20	s. Sébastien.	m	20	s. Eleutère.	m	20	s. Joachim.
D	21	ste Agnès.	m	21	s. Pépin. 4 T.	m	21	s. Benoît.
l	22	s. Vincent.	j	22	Ch. s. Pierre à A.	j	22	s. Octavien.
m	23	s. Alphonse.	v	23	s. Damien. 4 T.	v	23	s. Victorien.
m	24	s. Thimothée.	s	24	s. Mathias. 4 T.	s	24	s. Simon.
j	25	Conv. s. Paul.	D	25	*Reminiscere*.	D	25	*Rameaux*.
v	26	s. Polycarpe.	l	26	s. Nestor.	l	26	s. Ludger.
s	27	s. Jean Chrys.	m	27	ste Honorine.	m	27	s. Rupert.
D	28	*Septuagésime*.	m	28	s. Romain.	m	28	ste Dorothée.
l	29	s. François de S				j	29	s. Alexandre.
m	30	ste Aldegonde.				v	30	s. Amédée.
m	31	ste Eudoxie.				s	31	s. Benjamin.

AVRIL			MAI			JUIN	
D. Q. le 8. N. L. le 15			D. Q. le 7. N. L. le 14			D. Q. le 6. N. L. le 12	
P. Q. le 21. P. L. le 29.			P. Q. le 21. P. L. le 29			P. Q. le 19. P. L. le 28	
D	1	PAQUES.	m	1	ss. Philippe et J.	v	1	s. Marcel.
l	2	s. François.	m	2	s. Athanase.	s	2	ste Blandine.
m	3	s. Richard.	j	3	Inv. ste Croix.	D	3	ste Clotilde.
m	4	s. Isidore.	v	4	ste Monique.	l	4	s. François C.
j	5	ste Sylvie.	s	5	s. Pie V.	m	5	ste Valérie.
v	6	s. Célestin.	D	6	s. JEAN A LA P. L.	m	6	s. Norbert.
s	7	s. Donat.	l	7	s. Stanislas *Rog.*	j	7	s. Robert.
D	8	*Quasimodo.*	m	8	App. s. M *Rog.*	v	8	s. Médard.
l	9	ste Waudrue.	m	9	s. Grégoire *Rog.*	s	9	ste Pélagie.
m	10	s. Patrice.	j	10	ASCENSION.	D	10	ste Scholastique
m	11	s. Léon-le-Grand	v	11	s. Mamert.	l	11	s. Barnabé.
j	12	s. Jules.	s	12	s. Achille.	m	12	ste Olympe.
v	13	s. Herman.	D	13	s. Roland.	m	13	s. Antoine.
s	14	ste Ludivine.	l	14	ste Aglaé.	j	14	s. Basile.
D	15	ste Anastasie.	m	15	s. Isidore.	v	15	s. Landelin.
l	16	s. Druon.	m	16	s. Jean Népom.	s	16	ste Ludgarde.
m	17	s. Robert.	j	17	s. Pascal.	D	17	s. Adolphe.
m	18	s. Ursmar.	v	18	s. Venant.	l	18	s. Fortuné.
j	19	s. Théodore.	s	19	s. Céleste.	m	19	ste Julienne.
v	20	s. Théophile.	D	20	PENTECOTE.	m	20	ste Florence.
s	21	s. Anselme.	l	21	s. Hospice.	j	21	s. Louis de G.
D	22	s. Soter.	m	22	ste Julie Vierge.	v	22	s. Paulin.
l	23	s. Georges.	m	23	s. Didier. 4 T.	s	23	Cœur de Jésus.
m	24	s. Fidèle.	j	24	N.-D. Auxiliatr.	D	24	s. Jean-Baptiste
m	25	s. Marc.	v	25	ste Marie-M. 4 T.	l	25	Tr. s. Eloi.
j	26	s. Gaston.	s	26	s. Philippe. 4 T.	m	26	ss. Jean et Paul.
v	27	s. Tertullien.	D	27	*Trinité.*	m	27	s. Ladislas.
s	28	s. Vital.	l	28	s. Germain.	j	28	s. Léon.
D	29	s. Edmond.	m	29	s. Félix.	v	29	ss. Pierre et Paul
l	30	ste Catherine.	m	30	s. Ferdinand.	s	30	Commun s. Paul.
			j	31	*Fête-Dieu.*			

Troisième trimestre

	JUILLET			AOUT			SEPTEMBRE	
D. Q. le 5. N. L. le 12 P. Q. le 19 P. L. le 27			D. Q. le 3. N. L. le 10 P. Q. le 18. P. L. le 6			D. Q. le 2. N. L. le 9 P. Q. le 17. P. L. le 24		
D	1	s. Rombaut.	m	1	s. Pierre ès-liens	s	1	s. Gilles.
l	2	Visitation.	j	2	s. Etienne.	D	2	s. Juste.
m	3	s. Basile.	v	3	ste Lydie.	l	3	ste Reine.
m	4	s. Gaspard.	s	4	s. Dominique.	m	4	ste Rosalie.
j	5	ste Philomène.	D	5	N. D. aux Neiges	m	5	s. Laurent J.
v	6	ste Godelive.	l	6	Trans. de N.-S.	j	6	s. Eugène.
s	7	s. Willibald.	m	7	s. Gaëtan.	v	7	s. Madelbert.
D	8	ste Elisabeth.	m	8	s. Cyriaque.	s	8	Nativité N.-D.
l	9	s. Léonard.	j	9	s. Romain.	D	9	s. Omer.
m	10	ste Ruphine.	v	10	s. Laurent.	l	10	s. Nicolas T.
m	11	Elév. s. Eloi.	s	11	s. Géry.	m	11	s. Emilien.
j	12	s. Jean Gualbert	D	12	ste Claire.	m	12	s. Guidon.
v	13	s. Anaclet.	l	13	s. Hippolyte.	j	13	s. Nom de Marie.
s	14	s. Bonaventure.	m	14	s. Eusèbe.	v	14	Exalt. ste Croix.
D	15	s. Henri.	m	15	ASSOMPTION.	s	15	s. Eleuthère.
l	16	N.-D. du M.-C.	j	16	s. Roch.	D	16	ste Euphémie.
m	17	s. Alexis.	v	17	s. Anastase.	l	17	ste Colombe.
m	18	s. Camille.	s	18	ste Hélène.	m	18	ste Sophie.
j	19	s. Vincent.	D	19	s. Donat.	m	19	s. Janvier. 4 T.
v	20	ste Marguerite.	l	20	s. Bernard.	j	20	N.-D. des 7 D.
s	21	s. Victor.	m	21	ste Jeanne.	v	21	s. Mathieu. 4 T.
D	22	ste Marie-Magd.	m	22	s. Symphorien.	s	22	s. Maurice. 4 T.
l	23	ste Apollinaire.	j	23	s. Sidoine.	D	23	s. Lin.
m	24	ste Christine.	v	24	s. Barthélemi.	l	24	N.-D. de la Merci
m	25	s. Jacques.	s	25	s. Louis, roi.	m	25	s. Firmin.
j	26	ste Anne.	D	26	s. Zéphirin.	m	26	ste Justine.
v	27	s. Désiré.	l	27	s. Joseph C.	j	27	ste Hiltrude.
s	28	ste Béatrice.	m	28	s. Augustin.	v	28	s. Winceslas.
D	29	ste Marthe.	m	29	Décol. s. Jean-B.	s	29	s. Michel.
l	30	s. Abdon.	j	30	ste Rose de L.	D	30	s. Jérome.
m	31	s. Ignace de L.	v	31	s. Raimond.			

<h2 style="text-align:center">Quatrième trimestre</h2>

OCTOBRE			NOVEMBRE			DÉCEMBRE		
D. Q. le 1. N. L. le 8. P. Q. le 16. P. L. le 24. D. Q. le 30			N. L. le 7. P. Q. le 15 P. L. le 22. D. Q. le 29			N. L. le 7. P. Q. le 15 P. L. le 21. D. Q. le 28		
l	1	ss. Piat, Rémi.	j	1	TOUSSAINT.	s	1	s. Éloi.
m	2	ss. Anges gard.	v	2	*Trépassés.*	D	2	ste Pauline, *Av.*
m	3	s. Gérard.	s	3	s. Hubert.	l	3	s. François-Xav
j	4	s. François d'A.	D	4	s. Charles Borr.	m	4	ste Barbe.
v	5	ste Flavie.	l	5	s. Zacharie.	m	5	ste Anastasie.
s	6	s. Bruno.	m	6	s. Léonard.	j	6	s. Nicolas.
D	7	ROSAIRE.	m	7	s. Ernest.	v	7	s. Ambroise.
l	8	ste Brigitte.	j	8	s. Dieudonné.	s	8	CONCEPTION.
m	9	s. Ghislain.	v	9	s. Théodore.	D	9	ste Léocadie.
m	10	s. François.	s	10	s. André Avellin	l	10	ste Eulalie.
j	11	s. Badillon.	D	11	s. Martin.	m	11	s. Damase.
v	12	ste Aurélie.	l	12	s. Liévin.	m	12	ste Odile.
s	13	s. Edouard.	m	13	s. Brice.	j	13	s. Aubert.
D	14	s. Calixte.	m	14	s. Albéric.	v	14	ste Lucie.
l	15	ste Thérèse.	j	15	s. Léopold.	s	15	s. Evrard.
m	16	s. Mommelin.	v	16	s. Edmond.	D	16	ste Adélaïde.
m	17	ste Hedwige.	s	17	s. Grégoire.	l	17	ste Bègue.
j	18	s. Luc. évang.	D	18	ste Aude.	m	18	s. Gatien.
v	19	s. Aimable.	l	19	ste Elisabeth.	m	19	s. Libérat, *4 T.*
s	20	s. Jean C.	m	20	s. Félix.	j	20	s. Eugène.
D	21	ste Céline.	m	21	*Présentation.*	v	21	s. Thomas. *4 T.*
l	22	ste Alodie.	j	22	ste Cécile.	s	22	s. Israël. *4 T.*
m	23	s. Séverin.	v	23	s. Clément.	D	23	ste Victoire.
m	24	s. Raphaël, arc.	s	24	s. Jean de la Cr.	l	24	ste Delphine.
j	25	s. Crépin.	D	25	ste Catherine.	m	25	NOEL.
v	26	s. Evariste.	l	26	ste Victorine.	m	26	s Etienne.
s	27	s. Armand.	m	27	s. Achaire.	j	27	s. Jean, évang
D	28	s. Simon.	m	28	s. Mansuet.	v	28	ss. Innocents.
l	29	s. Alfred.	j	29	s. Saturnin.	s	29	s. Thomas.
m	30	ste Zénobie.	v	30	s. André.	D	30	s. Sabin.
m	31	s. Quentin.				l	31	s. Sylvestre.

Paris. — Imp. de Dubuisson et Ce, rue Coq-Héron 5.

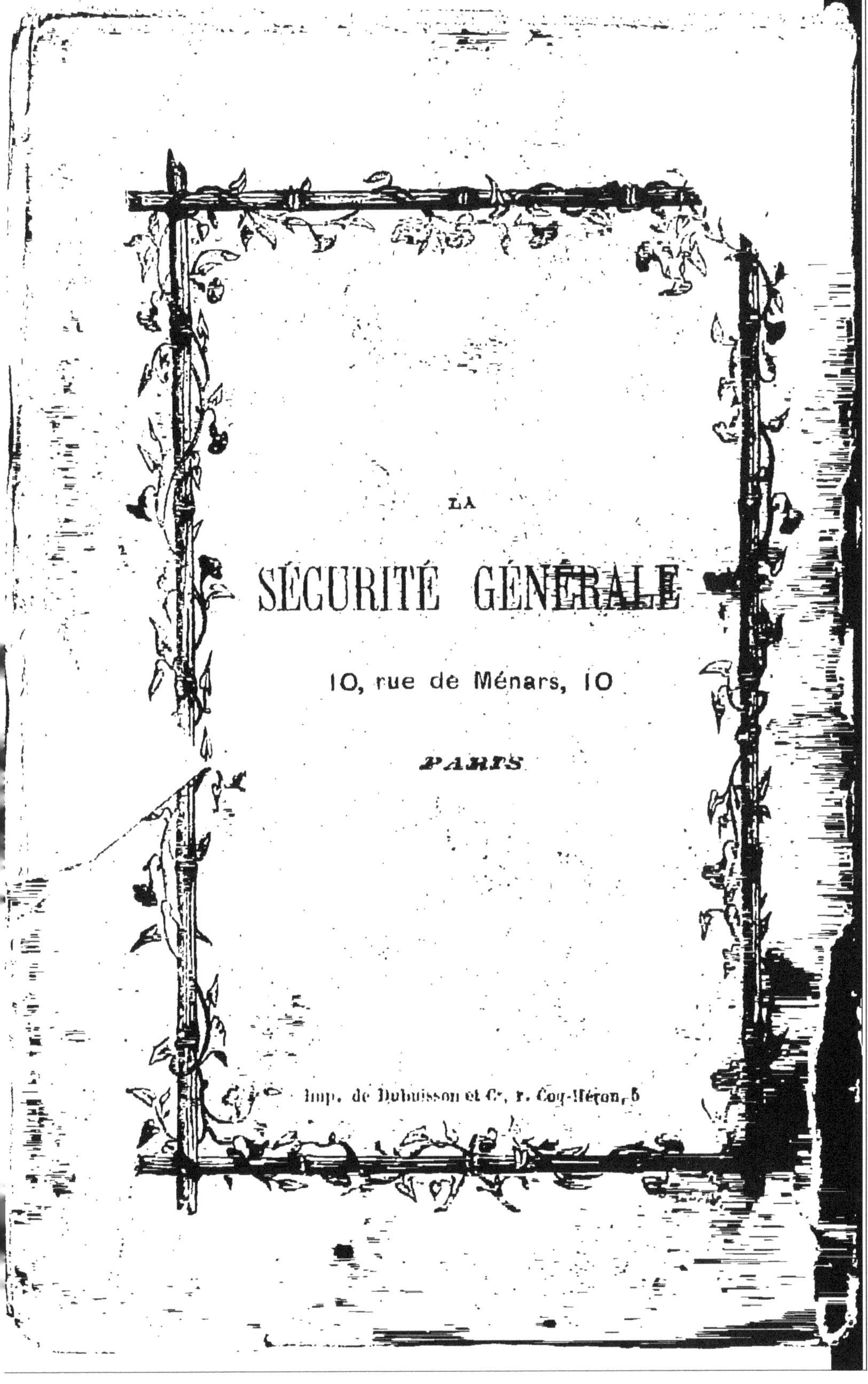

LA

SÉCURITÉ GÉNÉRALE

10, rue de Ménars, 10

PARIS

Imp. de Dubuisson et Cⁱᵉ, r. Coq-Héron, 5

www.ingramcontent.com/pod-product-compliance
Ingram Content Group UK Ltd.
Pitfield, Milton Keynes, MK11 3LW, UK
UKHW021928070726
13614UKWH00001B/317